CHIKA NOGUCHI

野口千佳

Erochica Bamboo

エロチ… …チョットだけよ♥

東京キララ社

WORKING
CLASS
ERO

4421

まえがき

たぶんストリップ劇場の踊り子さんについて書かれた本や映画はわりとあると思うの。でもキャバレーの踊り子さん（ヌードさん）の記録はほとんど残っていないので、キャバレーの古き良き時代をギリギリ体験できたヌードさんの私が記憶のある限り残していこうと思います！

私がショーガールとしてデビューしたのは１９８４年。当時はまだ景気が良くグランドキャバレーもナイトクラブもショーが入っていました。そこにはビッグバンドがいて、時に演歌歌手だったりジャズシンガーだったり、踊り子さんだったり、残念ながらテレビではお目にかかれないような芸能人が夜な夜なショーを繰り広げていました。それはある種、日本独特な夜の世界。海外でショーをしてきた私から見て、これはなかなか他の国ではお目にかかれません。日本が誇る素敵な、そして残念ながら風前の灯火のカルチャーの一つだと思っています。

この本のタイトル『エロチカ・バンブーのチョットだけよ』は、小さい頃見たドリフの加トちゃんが「タブー」をＢＧＭにピンクのライトの下、「チョットだけよ〜」と踊る姿が記憶として染み付いていたのだと思っています。加トちゃんがいなかったら踊り子になっていなかったかもしれません。加トちゃん、ありがとう！

野口千佳

目次

まえがき　9
第1章　気がつけばショーガール　13
第2章　エロチカ・バンブー誕生　111
第3章　恋することをやめないで　177
バーレスク・ダンサー名鑑　248

I dedicate this book
to my beautiful daughter,
Solar Nasrin.

第1章　気がつけばショーガール

地味な美大生が5日間でショーガールに

時は１９８４年。あのバブルが始まる直前でした。当時、私は油彩科の美大生で、とにかく油絵具が乾くまで時間がかかり過ぎて日々退屈していました。私は一体なぜ美大に入ったのかなと。このままいけば学校の美術の先生になるぐらいしか未来はないのでは？この世は男社会。ましてや世の中を震え上がらすような芸術家になんて到底なれないと、どこか諦めていました。

美大でのアートのあり方にもまったく興味が持てず、虚しく時間を無駄にしながら、どこかで自分を変えたくて焦っていました。なんだかアートの世界が窮屈に感じて、そこから１秒でも早く飛び出したかったのです。授業をさぼってアトリエの屋根の上で大空を眺めたり、当時、新宿にあったツバキハウスというディスコの「ロンドンナイト」に入り浸って、パンクやニューウェーブで一人踊り狂ったりしていました。我が世界に没頭しながら踊ることの楽しさに目覚めたのは「ロンドンナイト」のおかげだと信じています。

そんなある夏の日、学校の掲示板に貼られたある怪しい手書きのチラシに興味を惹かれました。それは魅力的な芸術家や文化人など、著名な方々のお名前がズラーッと並んだ白虎社という舞踏集団の合宿の案内。私は舞踏にはまったく興味がないものの「３万円程度で10日間、豪華ゲストのお話が聞けるなんてお得だわ。そのうえ旅もできて一石二鳥だわ」と早速応募し、夜行列車で和歌山の奥地まで出かけて行ったのでした。

待ち合わせ場所の新宮駅に着くと、西から東から若い男女が50人くらい集合していました。遠くを見つめているような視点の定まらない人、ニューウェーブ風なお洒落な男の子、OL風の女性、真面目そうなサラリーマン……ちょっと普通じゃないわ、この人たち。

そこに坊主頭で眉のないイカツイ兄さん二人が現れ、私たちは言われるがままトラックの荷台に押し込められました。幌を閉められた荷台の中では皆、風景の見えないデコボコ道をわりと楽しんでいて、私は隣に座った同じくらいの年齢でおっとりした女の子のNさんとの何気ない会話を楽しみました。川のせせらぎが聞こえてきて森の匂いが段々と濃くなっていきました。一体これから何が起こるのか！　ワクワク！

どのくらい経ったのでしょう。トラックは停まり幌が開けられました。眩しい光の中に現れたのは人里離れた山の廃校でした。そこで今まで見たことのないような、まるで妖怪のような風貌の舞踏メンバーが私たちを待ち受けていたのです。笑顔で迎えてくれた女性は、まるで砂かけ婆のようなざんばらの長い髪に眼鏡。その眼鏡は片方レンズがなく、耳にかける柄の片方は輪ゴム。そしてフレンドリーな歯抜けの笑顔。そんな演出のようなお出迎えで非日常の世界へ私たちは引きずり込まれてゆきました。時代はワイズ、コムデギャルソン、シャネルやヴィトンなどブランドものが大流行の煌びやかな時代だったはずなのに。

美味しい空気を味わう間もなく、翌日から地獄の舞踏稽古が始まりました。朝ごはんは梅干し一つとお茶。その後すぐに朝から夕方まで終わらぬ肉体訓練。「獣になれ〜」とか「白目剥け〜」とか。夜にはゲスト講師のトークがあるのだけれど、もうその時分は体が痛くて、眠くてそれどころではありませんでした。

そして合宿5日目には、いきなり強制的に女性は眉毛を剃られ、男性は眉剃り坊主にされました。参加者の半分はそのときに脱走したり連れ戻されたり。後で聞いたら近くの町までは歩いて4、5時間。バス停にたどり着くもバスは日に朝夕の二本しかなく、まるで『13日の金曜日』のような悪夢だったと!

私は「どうせ眉毛なんて生えてくるし、自分の眉なしの顔を見てみたいかも〜!」というホンワリした気持ちだったので、躊躇はありませんでした。そして眉なしや坊主頭の奇妙な風貌の私たちは再びトラックの荷台に乗せられ、山奥の巨大な滝へと連れて行かれたのでした。

轟音と共に大しぶきを上げる滝。大自然の迫力に感動して茫然となる私たち。その傍らで男女構わずいきなり裸に近い格好になり全身を白塗りにし、各自が新聞紙で作った衣装を身につけ岩場へ這い上がるように指示が出て、滝壺に落ちそうになりながらも岩場に這いつくばる総勢20人くらいの合宿生。

そこで「タコの顔しろ～」だの「梅干しババアの顔しろ～」だの命令され、ウニョウニョ動く。「まったく……私、こんな岩場にへばりついて何やってるんだかな～……やれやれ」と思いながらも、「ま、いっか～」とウニョウニョ動いて大撮影会。確か「週刊プレイボーイ」と他にも写真週刊誌が取材に来ていて、後日しっかり人生初の裸が雑誌に残ってしまったのだったわ。

次々に逃走する合宿生を横目に、私は持ち前の好奇心と「意外に体って動くものね、そう簡単に倒れないんだ！」という驚きで最後まで残ってしまいました。なんと最終日には野外発表会で村人たちを前に男女入り乱れての大金粉ショー。「これは一体なんなの？」と疑問に思いつつも合宿を終え東京に戻りました。

その強烈な体験にしばらくは何も手につかず、今思えば相当イカれてるけど、「10代後半の体験としては捨てたものじゃないわね」と相変わらずどこか醒めた目で自分を見つめていました。当初の目的であった文化人先生たちの話なんてまったく記憶に残らず、この体験で私の奥底にひっそり眠っていた梅干しババアとか狂った獣が目覚めてしまったのではないかと思っています。

東京へ戻ったある日、この舞踏グループから「公演が近くてどうしても人手が足りなくて困ってるので、小道具製作を手伝いに来てほしい」と連絡が入りました。この時代にヒッピーコミューンのような共同生活をしている彼らに興味があったこともあり、京都にある稽古場まで早速出かけて行きました。京都駅から南へ歩いて10分くらいなのに、そこは私の想像する京都とはだいぶ違う胡散臭いゲトーエリア。細い路地を入ってたどり着きドアを開けると、使い込まれた稽古場があって、「よくもまあ、こんな狭いところに作ったものだわ」と感心したものです。ところが、公演前で忙しいと聞いてきたのに稽古場に人はほとんどおらず、誰も小道具製作なんてしていないではありませんか。二階の居間へ通されるとそこにいたのは、あの合宿のトラックで隣り合わせになったNさん。キラキラした衣装を手にした彼女がそこにいて「私もうすぐデビューするの」とニコニコしながら私に言うのです。なんか、怪しい……のちに彼女は脱走して新興宗教にハマっていったのだけれど。

稽古場と呼ばれる建物は、入るとまず大きな鏡とバーレッスン用のバーがある広い板間、そしていくつかの女部屋、男部屋、衣装部屋、事務所、居間、客間などがあり、よくこんな京都のゲトーの路地の更に奥にこんな怪しげな空間があったものだと驚きました。稽古場には、どこからともなく人が現れて来るものの、合宿に参加していた女性のメンバー数人はそこには見当たらず。みんな一体どこへ消えてしまったのでしょうか。

ある日、メイクした小綺麗な女性が居間でお茶を飲んでいました。挨拶をすると彼女はその日の朝、ちょうど旅回りの仕事から帰ってきたばかりと言うのです。旅回り？　一体

なんの仕事？　舞踏の他のメンバーとはまったく違う雰囲気。サーファーガール風のブルーのアイシャドウが似合っていました。この人も白目剥いたり、梅干しババアとか獣のような恐ろしい踊りをするのだろうか？

相変わらず小道具作りは始まらずのんびり過ごしていると、そのサーファー風の彼女に稽古場の一番奥の部屋に呼び出され、その旅回りの仕事とは一体何か、そしてその仕事の素晴らしさを得々と語られ勧誘されたのでした。もちろん私はそんな仕事はできません。速攻断りました。それはキャバレーやナイトクラブで裸に近い姿になるショーの仕事でした。合宿に参加していた女性たちは皆、地方でショーの仕事に出ているとそのとき知りました。なんかやばい？

その翌日、今度は怖い風貌の男性がやってきて、改めて私を説得にかかるのです！　もうヤクザか。

「やってみなければ、良いも悪いもわからないんだよ。本当に夜の世界や踊りの世界がいかがわしいのか見てもいないのにどうしてわかる？　しかも、ただで旅ができるんだよ？」

夜の街はツバキハウスの「ロンドンナイト」以外すべていかがわしく、水商売や風俗嬢の世界は美しい女性だけができるお仕事で自分とはまったく無縁の世界、到底できやしないと思っていました。でも怖がりのくせに好奇心旺盛。美大に蔓延るアングラ臭が大嫌いな一方で、昔からメインストリームよりもアウトサイダーなものに惹かれてどうしても覗き見したくなってしまうのです。そしてこの怖い風貌の人に「ノー」と言ったら、何か恐ろしいことが起こるのではないかしら。

でもね、このおじさんの言うことも確かに一理ある。見てもいないものをジャッジするのは良くないわ。見知らぬ街へ旅行に行けるのはお得かも。そしてつい「わかりました、やってみます」と答えてしまったのでした。ああ、若かった！

デビューは5日後

「はい」と答えた途端、稽古と衣装合わせが始まりました。しかし素人の私がいきなりそんなプロの世界に入って良いものだろうか？　だいたいハイヒールだってまともに履いたことがないし、そのうえ、体型は小太りで到底お客様の前に出られる風貌ではなくて申し訳ないと思っていました。「こんな素人にショーをやらせてはダメでしょう」と生意気にもたてついた記憶があります。どうもこの時代の舞踏グループはどこもショーに対しては凄くいい加減だったようで、誰でも良いからお金稼ぎのために女の子を集めては稽古も衣装もほどほどでデビューさせていたということを後から知りました。時はバブル。だからこの機にお金を稼げ！　と。

夜の世界もこの時代は毎晩のようにショーが繰り広げられていました。そしてそんな舞踏グループの生活についていけず、逃げるように去って行く女の子も多かった。出演予定だったにもかかわらず、ショーに穴を開けるとキャンセル料が発生するから、誰でもいいからブッキングしなければならなかったのです。

その夜、この舞踏グループのプリマドンナ、Hさんのショーを見学するために私とNさんは見習い踊り子としてついて行きました。このHさん、あの舞踏合宿でもひときわ可憐で例えるなら白狐のようでした。

稽古場から彼女の大荷物のスーツケースをガラガラと引いて向かったのは、当時大阪の堺東にあったまるでお城のようにでんと構えてそびえ立つグランドキャバレー王将。

「おはようございます」

夜なのに「おはよう」って言うの？　不思議な世界だわ。

楽屋でメイクを始める彼女。みるみるうちにHさんは踊り子〝錦りさ〟へ。なんだか古臭い名前。マドンナやキョンキョン、森高千里の時代。キャバレーのタレントのステージネームは石原裕次郎の映画の時代から止まったままで、どこか古臭いものでした。どんどん美しくなってゆく様を楽屋の端っこで眺めながら、「私がこんなふうに美しくなれるわけないわ」と相変わらずどこか醒めていました。隣のNさんをふと見ると瞳の中に星がキラキラ。私とはまったく正反対。もうこの道へ入る決意を固めているような熱い眼差しでした。

乾杯するグラスの音、ホステスさんの笑い声、場内放送、大きなシャンデリアにビッグバンドが演奏するジャズ。この夜のキャバレーのざわめきは今でも耳に焼き付いています。

グランドキャバレーの司会者が現れ、「フロアーヌードダンサー、錦りさショータ―イム！」と紹介した途端、自分がステージにいるような妙な緊張感が体に走りました。ビッグバンドの演奏はなんとゴージャスで、ステージで踊る錦りさはなんて可憐なの⁉ この仕事を引き受けたものの、本当にできるのだろうか？ でももう後へは退けない（当時の自分に言いたい。「やっぱり無理」って言って簡単に帰れたでしょ！）。

デビューに向け、早急に準備が進められました。まずはハイヒールを履いて稽古場をとにかく歩く。一晩中歩く。ショーは一晩2ステージが基本なので、まったく違う二つのショー各12分を朝から晩まで稽古し、エレガントな衣装の脱ぎ方、踊り、そして踊り子としての立ち振る舞いを5日間で覚えなくてはなりませんでした。

「全部は見せてはダメよ、下品な手の動きはダメ。でも色っぽく。その手の表情はイヤらし過ぎるわ」

「あなたはショーダンサーなんだから、美しくなくてはダメよ」

「そんなのできるわけないでしょ」と内心思いながらも、「もしかして私は自分が思うよりも美しいのかも」と勘違いもし始めていました。まったく、なんという前向きな性格！自分で自分を褒めてあげたい。

同時に衣装製作も5日間で仕上げなくてはならない突貫工事。お下がりの衣装を当てがわれるも、小さ過ぎて入らない。ウエスト部分を切り裂いて広げて補正したり、ステージメイクのやり方を教わったり。舞踏の合宿でせっかく習った動きも一切使えない。体も脳味噌も5日間ではまったく身につかない。大丈夫なんだろうか？

「お店の人にもし聞かれたら『3年はやってます』と言いなさいね。ど素人と思われてはダメなの」

どう見ても素人なのに……今思えば相当ひどい！　最初に嘘をつくということを学んだのでした。その当時の踊りの振りを描いたノートが今でも残っています。

デビューしちゃった

急遽、私にもステージネームがつけられました。私の名前は〝夏草はるか〟。やはりどこか古臭い名前。一方のNさんは、〝玉紫苑〟と自らステージネームをつけて一足先にデビューしました。彼女も現役女子大生で同い年。最初から踊りも上手くどこか神がかった集中力。どこにこんな情熱と素直に入り込める純粋さがあるのかしら。彼女を見て「無限の体力は純粋さや素直さと比例するのだわ」とそのとき気づきました。

初ステージを終えた彼女は、相変わらずキラキラした瞳でそのデビューの素晴らしさを語ってくれたけれど、私はどこかこの世界に足を突っ込むには、まだ決断がついていませんでした。とりあえず3日間やってみてから決めましょうと。

この数日間の詰め込み稽古で頭が朦朧としたままデビューする日の朝を迎え、寝不足のまま新幹線に飛び乗りました。向かうは初めての九州、大分市。かっこはやはりどこか古臭い70年代風のジャンプスーツにトンボメガネ。そしてベレー帽。

今となってはレトロでお洒落だけれど、当時は非常にダサく私にはまったく似合いません。どうせならコムデギャルソンやヴィヴィアン・ウエストウッドのワールズエンドのようなスタイルがいいと思っていたけれど、どこかズレたファッション感覚の舞踏の人たちから「夜の世界のタレントというのはこういうものなの」と説得され、嫌々従いました。

どう見ても19歳には見えない。すごく老けて見える、あーあ。

なんという目まぐるしい日々だったのでしょう。日豊本線のL特急の窓から見える海沿いの銀色に光る巨大な工場群を見ながら、なんだかすごく遠くまで来てしまった。でももうやるしかない。東京では何も見つからず焦るばかりだったでしょ。乗り込み用のお化粧を車内でしました。少しでも夏草はるかになるように。

指定されたビルの三階は、お店ではなくクラブのオーナー夫妻が暮らす家でした。私はタレント専用のこざっぱりとした清潔な部屋へ通されました。ママさんはとても気さくな方でオーナーより少し年上の姉さん女房。オーナーはダブルのスーツが似合いそうな貫禄のある絵に描いたような社長タイプ。そしてペットの小型犬一匹。彼らはとても仲睦まじく、なんと出勤前に毎日一緒にお風呂に入っていました。お風呂場から聞こえる彼らの話し声はなんとも微笑ましく、古き良き時代の混浴温泉のような温かさがありました。

これが私の人生における初めての夜の世界の住人との出会いでした。彼らの九州ならではのおおらかさと温かさで私の緊張はすぐに解かれました。

夕方あたりから夜の街が目覚め始めます。酒屋さんの運ぶ酒瓶のぶつかる音、けたたましい車のクラクション、足早に歩く着飾った夜の女性たち。どこかお祭りが始まる前のような、浮き足立ったそんなざわめき。一体どんな人たちがいて、これから何が始まろうとしているのでしょう。ご縁のなかった世界が急に色めき始めました。足を一歩踏み入れてしまったらどうも諦めが早いというのか、その世界を見てやろうと肝を据える性格のようです。ちょっとワクワクしている自分が確かにそこにいました。

私のデビューするクラブ白鷺は歩いて3分のところにありました。クラブには小さなステージとピアノがあり、楽屋はステージのすぐ裏でお店の外からも入れました。

夜だけど、おはようございますって言うのよね。さあ深呼吸。

「おはようございます」

楽屋のドアを開けると、そこにはすでに一人のジェントルマンがいらして笑顔で「さあ、どうぞ。お入りなさい」と私を迎え入れてくれました。彼はこのクラブのピアノ弾き。教わった通りにまだ馴染めない芸名を名乗り「キャリアは3年です」と自己紹介したものの、どう見てもど素人。全部見透かされているようでしたが、そんな私に優しく笑顔で接してくださり、初めてのショーの仕事で楽屋を彼とシェアできたことは、本当にラッキーでした。これでまた「夜の世界は恐ろしい」という身勝手な思い込みが一つ消

当時のノートに書いてあった走り書き

- 衣装、メイク道具、裁縫道具、楽屋着、サングラス、稽古着、運動靴、カセットテープ、カセットデッキ、筆記用具……。
- 「おはようございます」「ショーに入る夏草はるかです」
- 1時間前、楽屋入り。
- 照明は赤系で、生はやめてください。

※その当時、バンドが入っていないナイトクラブやキャバレーでのショーはカセットテープを使っていました。またカセットデッキとは、ウォークマンのことです。

えたのでした。
楽屋で踊りのおさらいを何度も繰り返しました。喉はもうカラカラ。あそこでグローブを脱いで、ドレスのジッパーを外して。ゆっくりよ、ゆっくり！
いよいよショータイム。ところがステージに上がった途端にすべての振り付けを忘れてしまったのです。目の前がまっ白になるとはこのことか。「とにかく最後まで脱いで笑顔だ。でも全部見せちゃダメ」。それしか頭に浮かばず、どうにかショーを終えました。そのときの日記が残っていました。今読んでもあの夜の緊張を思い出すわ。頑張れ19歳の夏草はるかちゃん！

9時30分ショータイム。いよいよだ。グリーンの衣装。あがってしまい、振り付けを忘れた。もうなんでもやった。あっという間に終わり。笑顔を作るのは難しい。ピアニストの方はとても親切な人でコーヒーをご馳走になる。10時30分二度目のショータイム。ズボンの調子が悪い。そのうえ変なお客がいたし。歩いている途中、予想していなかった。ズボンが下がってしまい、そのまま脱いだ。失敗。お店の人が見ていた。落ち込む。明日は間違えないようにしないといけないな！　9月25日晴。

「お店の人だって当然見るでしょう？　はるかちゃん」と自分に突っ込みながら、あの日のドキドキ感は今でも思い出されます。不思議なことに、あんなに人前で裸に近い格好になることに抵抗があったはずなのに、一旦ステージに出た途端、裸になっているという自覚がなく、羞恥心はどこかへ消えていました。一枚一枚脱いでいっているはずなのに、まったく裸になっていない感じがするのはなぜ？　私は一体まだ何を纏(まと)っているのだろうか。でもほんの少しだけ自由になれた気がしました。「女性だって裸になって良いのよ」って。このときはまだ男性ともお付き合いしたことのない奥手の私が、一気に大勢の男性の前で素肌を晒してしまったのでした。わお！

ヌードダンサーは女子大生

美しい嘘をつくことにまだ慣れていなかったせいもあり、2日後にはママに正直に話してしまいました。

「実は私、まだ女子大生なのです」

踊りも下手だし、体も踊り子体型とは程遠い太めのちんちくりん。自分に自信が持てるなら理由はなんでもいい。そしてその方がお客さんも喜ぶのではないかしらと思ったから。そうしたら予想通りママも喜んで、その日から「現役女子大生、夏草はるかショーターイム」って紹介するようになりました。するとそのたびに「おお！」とざわめきが起こり、それが見事に売り文句となりました。もちろん舞踏グループには内緒（笑）。こんな私でも良いのかしら。いやいやこれはビギナーズラックだわ。

ショーの合間には、踊り云々より女子大生という事実が人気で、お客様からは「ショーの子を呼んで」とご指名があり、たびたび客席に呼ばれるようになりました。そこで初めて嘘をついてみようと実験してみたのです。

「なんで女子大生なのに、こんな仕事をしてるの？」

「実は、兄弟が沢山いて親が病気で……」

なんともわかりやすい嘘を。ところがその席のお父さんが真剣に、「はるかちゃん、いいかい？　世の中は平等なんだよ、お天道さんはみんなに平等に降り注ぐ……がんばってな」と言ってチップをくださるのでした。わあ、どうしよう本気で心配してくれている。申し訳ない。もう二度と嘘はつきません！　罪悪感。でも今思えば可愛らしい嘘。

「お客さんも、その一夜の他愛のない夢の世界に浸って楽しんでいるの。現役女子大生の踊り子さんにチップをあげて満更でもないのよ」と言ってあげたいわ。なんて可愛かったのかしら、私。

昼間は時間が沢山あって、商店街を歩き回ったり、部屋に戻って衣装を手直ししたり。そこへ大阪弁の元気のいい女の子がママを訪ねてやって来ました。彼女は白鳥知香。初めて会う同業の踊り子でした。彼女も以前、クラブ白鷺に出演していたとのこと。その大阪ノリの明るさで白鷺のオーナーやママにも気に入られているらしく、夕食を一緒に取りました。まあよくしゃべる彼女。呆気にとられながらも同業ということで少し親近感を感じていました。親しみやすい丸顔と小さな口元から見える小さな出っ歯で、美人というより隣のお姉さんタイプ。50年代にアメリカで活躍したバーレスク・ダンサー、キャンディ・バーに面影が似ていました。年齢も二つ上、デビュー時期もそれほど変わらないにもかかわらず、すでに面倒見のいい姐さん風を吹かせ、商店街へ出るとなぜかチャイナシューズを買ってくれたり、コーヒーをご馳走してくれたり。

彼女は別府のクラブでショーをしているらしく、この日はお休みでしたが、私の部屋でお化粧を一緒にしながら、羽根のボアの使い方やお客さんへのサービスの仕方などを語ってくれました。その瞳の奥に少し悲しげな影が見えるどこか憎めない彼女の話を私は面白がって聞いていました。

「ええか、はるかちゃん、チラッと見せればええんや。そしたらな、チップが入ってくんねん。怖がることなんか、ないない」

白鷺でのショータイム。私は彼女に言われた通り少し実験をしてみることにしました。

そのときの日記の一節。

1ステージ、うまくいった。お客の前でチラッとやる。反応が昨日と全然違う！　男はバカか!?　あれだけで喜ぶ。2000円のチップが入り客席へ。げ〜〜〜!!　もう、疲れる。2ステージ目、またチラチラっと。2000円入る。合計4000円。ショーの後、お母さんに電話を入れる。やっぱり心配をしていた。大分にいることもショーのことも全部話した。

でもやはり私にはこの〝チラッチラッ〟は向いてないなあ、お客さんのお相手もほとほと疲れるし。この日のショーの後、白鳥知香に連れ出され大分の夜の街へ出かけて行きました。彼女が以前踊ってた韓国クラブへ行くと言うのです。夜の世界の闇のルールでもあるのか、ママからは「その店へ入ってはダメよ」と言われていたのだけれど。

「黙っとったらわからへんねん。心配することあらへん、な、ついて来て」

私は白鳥知香の大胆な行動に、ただただ興味を惹かれついて行きました。韓国クラブは薄暗く彼女はそこでショーをするというのです。今思えば、これは芸能社に内緒の闇営業！

店の人からどこで踊っているのと聞かれ「別府のクラブ、マーマレードで踊ってるゆりマチコです」と口から出まかせな店名と芸名を咄嗟に答えてしまいました。私はこのままどんどん嘘つきになっていくのだろうか？　「そんなクラブあったかいな」と言われ、もうそれ以上聞かないでと内心ドキドキ。白鳥知香に不安を伝えるもまったく動じない彼女。

一体この子はどういう人生を送ってきたのだろう。

私はママを裏切った気持ちとデタラメな踊り子の名前に存在しないクラブの名前を言った自分にもういっぱいいっぱい。店を出ると「ついておいで」とレストランへ。遠慮するも「まあいいから」と、あれもこれもとご馳走の大盤振る舞い。そのうえ「これはるかちゃんにあげるわ。このワンピースも持っていきや」とプレゼントしてくれたのでした。とにかくその勢いに付き合い、朝の4時にやっと自分の部屋に戻ると、どっと疲れ切ってしまいました。

次に彼女に会ったのは数年後。和歌山のクラブでのショーで一度ご一緒しました。今思うと、キャバレーやナイトクラブの踊り子は常に一人で行動するので、彼女は寂しくて友達が欲しかったのだと思います。

あれから数十年後、彼女はキャバレーやナイトクラブの踊り子からストリップ劇場の踊り子になり人気を得て活躍していたらしいのですが、最後はドラッグにハマり、真夏でも楽屋で毛皮のコートを羽織って震えていたというのです。そしてこの世から去っていったらしいと、風の便りに聞きました。短過ぎる一生でした。

クラブ白鷺でショーをして3日目、踊り子さんという仕事になんとなく慣れてきて、夜の街にも恐れを抱かなくなりました。そしてショーの最終日、楽屋でピアノ弾きが私に言うのです。

「はるかちゃん、この仕事はね、３日やったらやめられなくなる。ステージには魔物が棲んでいるんだよ」

今でもショーを続けているのは、このときかけられた呪文のせいだと信じています。

天人峡のアダムス・ファミリー

何がなんだかわからないまま、スケジュールがどんどん決まってゆき、九州の次はいきなり北海道へ。

「北海道、行ったことないでしょ？　魚介類が美味しくて、温泉入り放題。美しい自然でゆっくりできるよ」

え～それは素敵！　北海道は初めてだし行ってみたいかも。九州から戻り、間もないうちに今度は北へ。なんだか売れっ子芸能人みたい。

旭川空港から乗った特急列車には乗客はほとんどおらず、車窓から見えるだだっ広い平原は少し寂しげ。「やってみます」と言ってはみたものの、私は一体何をしているのだろう？ま、いいか。だってただで旅行ができるのだから。

目的地の天人峡は旭川からバスで1時間、山間にホテルがたったの4軒しかない寂しい温泉地でした。夕方4時には陽が沈み四方を囲んだ山の影になり、ますます侘しさが増すそんな温泉街でした。売れっ子芸能人……じゃない。今回はホテルのナイトクラブでの仕事です。15日間もこんな山奥に軟禁されるのかしら。これがドサ回りっていうやつ？　美大にいたらなかなかできる体験じゃない。やっておこう！　と、持ち前の好奇心とノーテンキさで自らを奮い立たせました。

暗くて古いホテルの別館にある広い和室に通されると、すでに女性の方がおりました。彼女は東京の芸能社から派遣されてきた演歌歌手。気のいいお姉さんで、まだ素人同然の私を可愛がってくださいました。彼女が私にとって初めて会うこの業界の芸能人でした。メインストリームではないB級の芸能界。この日に出会ったお姉さんを始め、私はこの業界の方々には大変優しくしていただきました。それはだいぶ後に行くアメリカでも同じように温かく美しい経験をするのでした。

和室は広く、二人には十分な広さでした。部屋のテーブルには、私の前まで入っていた踊り子さんの置き手紙がありました。クラブの様子や、ホテルの人たちのこと、旭川の街の情報、食事は従業員食堂……などなど。大概踊り子さんは次の人のために何かしら情報を残してゆきます。例えばあるキャバレーの芸能人用の寮には観光ガイドや、食材など手紙付きで残っていたりします。ラブリーでしょ？　大人数で楽屋や寝食を共にするストリップ劇場の踊り子さんたちとは違い、いつも一人で行動する私たちにはそういうネットワークがなんとなくできていました。

ショーはホテルのナイトクラブで2回。まず歌手の方の出番で、その後私が踊ります。まったくお客さんがいないときはショーはお休みで、温泉に入ってゆっくり過ごすことができます。

「もうこの仕事はやってられないわ。あと4～5日で東京に帰ることにしたのよ。はるかちゃん、このホテルは最低だわ。前に入ってた踊り子も呆れて仕事をキャンセルしたのよ。だから気をつけてね」

いきなり不穏な空気。しかしながら私は経験不足。だってまだ大分でデビューしたばかりなのだから、何が良くて何が悪いのか、まったく判断がつきませんでした。本来ならばタレント一人に一部屋与えられるのが筋で、余っている部屋が沢山あるのに使わせないこのホテルの経営者はとても意地悪なのだと後で知りました。まるで安っぽいお昼のドラマみたいと、そんな状況をどこか面白がっておりました。

彼女が帰る前日、私たちは一緒に旭川の街まで出ました。一緒にいたのは短い間でしたが、お別れに小さな熊のマスコットをプレゼントすると、情の深い彼女は涙ぐんで「頑張ってね」と翌日の早朝に去って行きました。一人になった私には広過ぎる部屋はどこか肌寒く、徐々にホテルのオーナーの意地悪さに気づいてゆくのでした。11月に差しかかり寒さが厳しくなってきたある日、ストーブの燃料が切れたことを伝えても灯油はもらえず、「寒かったらロビーで暖をとれ」と言うのです！　コップの水をこぼしたら、その場であっという間に凍ってゆく様を見て感動すら覚えました。

クラブはハメを外した酔っ払い客が多く「見せろ見せろ」の大コール。意地悪オーナーにも促されましたが、それでも私はきっちりと習ったことを守り、ひたすら頑固に振り付けられた踊りを日々こなしていました。「人々が意地悪なのは、夕方4時には暗くなってしまうこの土地のせいに違いないわ。お日様が足りないのよ」、そんなふうに若い私は思っていました。

この僻地のホテルの従業員はいったいどこからやってきたのか？　片目が潰れた男の人や小人のようなおじいさん、『アダムス・ファミリー』に出てそうな歯が欠けた小太りのお姉さん、料理人のおばあさんは魔女のようで、私を飽きさせませんでした。ある日停電が起きたとき、薄暗い従業員食堂に全員が集まりました。１本の蝋燭を囲んで、魔女のようなおばあさんが作った全然クリスピーではないジャガイモのチップスをみんなでいただきながら、か細い明かりに照らされた彼らを見ると、まるで愛おしい妖怪のようでした。みんな人生に訳ありで一癖も二癖もある人たちが、流れ流れてここまでやって来たのだわ。

昼間、近くにある滝を見に行くと、一つ隣のホテルに入っていた旅芸人一家の男の子が一人遊んでいました。男の子は小学3年生くらいで、１ヶ月興行をしていると言います。「お姉ちゃんも観においでよ」と招待されてお芝居を観に行きました。どこか寂しげなこの子も、ホテルでの興行が終わると別の街へ移って行きました。

旅芸人の世界はなんだかとてもセンチメンタル。美大で油絵を学んでいるだけでは絵は描けないと思い飛び込んだ世界だけれど、「いつかは油絵ともサヨナラするのだろうな」とこのとき、何気なく感じていました。

19歳のオバはんヌードショー

デビューからいきなり地方へ飛ばされ、北海道から京都の稽古場へ戻ると、なんとすでに3ヶ月先までスケジュールが勝手に決まっていました。和歌山の強烈な体験とこの九州・北海道での舞踏とはまったく違う踊りに惹かれる何かがありましたが、「まだ100パーセントこのグループに入ってやって行く決意なんてしていない。だからこれはお試し期間」と自分に言い聞かせました。舞踏やショーの踊りで表す女性らしさや美しさ、女性の鬼の部分、そして人間ではない何か、超越した何か。これは一体なんなのだろうと。まったく未知の世界へ入っていこうとしている瞬間でした。

稽古場では朝10時に朝食。それは決まってパン屋から30円ほどで買える一袋50枚くらい入った食パンの端っこ。その香ばしくて硬い耳の部分とコーヒーや紅茶。時々卵。そしてその後、舞踏の稽古や衣装作り。夜は女性陣はショーへ、男性は大道具作りや事務作業をします。帰宅はだいたい23時過ぎ。夕食をとったら再び作業や舞踏の稽古という寝る間もないハードな日々。この奇妙な集団の生活を面白がって悪意のあるテレビ局が取材に来たり、芸術家や文化人のお客さんたちが来訪したりと、常に稽古場にはいろいろな人が出たり入ったりしていました。ほとんど寝る間もなく日々が過ぎ、あまりにもハードな生活に耐えられずに逃げ出す女性たちもいました。誰かが私に囁きます。

「やめるなら今のうちよ」

一緒に入ったNさんは、やはり瞳を輝かせ朝からバリバリ動いておりました。なぜなんの疑いも持たずこの世界を信用して身を捧げられるのか。その純粋さがちょっぴり羨ましいと思いました。

この舞踏グループの事務所には額装された〝金科玉条〟という金色の紙が飾られていて、その最後の節には〝滅私奉公〟と書かれていました。そんなことできるか！　やれやれ。やってられない。〝自分を消すことで何かが見える〟これを理解するのはだいぶ後のことで、それも誰かのための奉公ではなく、自分のための言葉であるということ。だから私は自ら騙されてあげたの。数ヶ月後にはそう思えるようになってゆくのでした。

幼少の頃より、両親は趣味のためによく家を空ける放任主義だったので、一人っ子でシャイな私はとても自由に育ったのだと思います。友人と常に行動するより一人でいることの充実感は孤独にも勝るときがあります。

それでもやはり私の思春期は少し寂しかったのかなと思います。中学生時代はとうの昔に終わったカルチャー、フラワーチルドレンやチャールズ・マンソン・ファミリーの本を読み、恐いのに覗きたくなる〝コミューン生活〟に憧れておりました。みんなと何かを作り上げているように見えたし、実際この舞踏グループは素晴らしい舞台を作り上げました。でもそのクリエイティビティや愛と平和は一時の幻想でしかない。共同生活は生やさしいものではありませんでした。それはのちに結婚してからも思い知らされました。私の家族は個人主義でも上手くいっていたのに、世の中はそうはいかないようで、舞踏グループに入ってもよく個人主義だと責められましたが、そんなことはお構いなしでした。

徐々に大阪のキャバレーやナイトクラブでのショーがブッキングされ始めました。まだ宣材写真がないにもかかわらず、とにかく若いダンサーというだけでスケジュールは埋まっていきました。しかしビギナーズラックは一回きり。大阪のグランドキャバレーでショーが入ったとき、思いきりヤジが飛んできました。ビッグバンドの生演奏なのに、ヤジる声が私にしっかり届いて聞こえてくるのです。衝撃でした！

「下手くそ〜！　若くないじゃないか⁉　なんなんだ、あのオバはん？」

え……19歳なんだけどオバはん？　当然の反応でした。踊りは下手くそ、メイクもブス、衣装はお下がりでボロい。そしてニューウェイブが好きだったから、当時流行った耳の上を少し刈り上げた短いボブというこの業界では通用しないヘアスタイルでした。それを誤魔化すために時代遅れのターバンを被せられ、どう見てもレッドスネークカモーン。懐かしき東京コミックショーのおじさんでした。そのうえ踊り子体型には程遠い小太り。自信のなさが全身から滲み出していて、そりゃヤジも飛んできて当たり前。毎日が落ち込む暗い日々でした。あの九州の華々しいデビューの日々はなんだったのか？　でもこれが現実。甘い世界じゃない。稽古場に帰れば寝る間もない生活で心身共に疲れ果てていました。

ショーのために撮った宣材写真は私の歴史上でもっともひどいもので、嫌々撮ったものだから泣きっ面に蜂。フォトグラファーの人も嫌がる私を見て哀れに思ったほど。これでは誰もショーに入れたいとは思わないでしょう。

夏草はるかちゃん、いやでもショーは入ってくるの。だったらどうする？　いやだ、いやだと泣いていてもしょうがないでしょ。

やめることができなかったのは、妙な責任感の強さでした。私がやめれば迷惑がかかると、半分脅しで言いくるめられてもいたし、自分でもそう思っていました。デビュー前に「やってみないと良いも悪いもわからない。とりあえず3日やってみな」と言われたのが「3

ヶ月やってみなければわからない」となり、そして「3年やってやっと良さがわかる」と言われたので、また私はその言葉を素直に聞いてしまったのでした。そう簡単にやめることができない、帰る場所がないと判断するや否や、私は開き直りました。

「まあ、いっか～。辛いよりはマシ。どうせ19歳には見られないし、こうなったらしょうがない、おばさんって言われるならおばさんとしてショーをしよう」

実はこの「まあ、いっか～」で、私は人生の大半を渡り歩いてきたように思います。そしてこの言葉は実に不思議で、日本から飛び出し、アメリカへそしてヨーロッパへ来てしまった片道切符のような魔法の合言葉だと思っています。さてこうなったら面白い。開き直るとエンジンがかかるのです。泣きべそかいてはいられないわ。

「だいたいなんなのよ。勝手にショーへ入れておきながらヤジ飛ばされる筋合いはない！私は私よ。8等身美人がこのB級の芸能界にいるわけないいじゃないの。そういう人は一線で活躍できてるわ。バーカ！」

ショーのギャラは自分に入るわけでもないし、こうなったらやりたい放題やっちゃえ～。

グランドキャバレーにはバンドが入っていて、自分の譜面を渡して演奏してもらいます。私の譜面にはドラムロールの部分がありました。ドラムロールに合わせてかっこ良くターンしてポーズを決める！　それが最初の振り付けでしたが、まったくできなかったのでとにかくグルグルとターンをしまくり、すってんころりんと目を回すように、なるべくかっこ悪く尻餅ついてずっこける。そしてあぐらをかき、一人のお客さん目掛けてあっかんべーをするという振り付けに変えました。心の中で「バーカ!」って言いながら。もちろんこんな振り付けは許されていませんでした。ショーは美しく、かっこ良く……なので、内緒で私は自分のオリジナルのショーを楽しんだのでした。するとヤジが飛んできたあの大阪のキャバレーから、今度は笑い声が飛んできました。

「なんや、この子、おもろいなあ。ええぞ〜、ええぞ〜!」

あれ? これでいいの? 自分が楽しむとお客さんも楽しんでくれる。一石二鳥。

このときの体験でそう簡単には凹まない自分ができ上がりました。人の意見は、時に重大なメッセージだったりゴミだったりします。それは自分の捉え方次第でどんな解釈もできるもの。私の想像力でその悪意のある言葉もサラッと変わっていくのですから。

この野次をくれたお客さんと大阪のキャバレーには感謝の気持ちしかありません。大阪の〝口出ししなきゃ気が済まない〟土壌が芸を育ててくれたと思っています。コンプレックスも実は宝物で、自分の魅力の一つだと気づかせてもらいました。舞台に立つ人間として鍛えてくれました。どんどんB級芸能界が楽しくなってしまい、しばらくはオバはんに徹してショーを続けてゆきました。急に道が開かれたようなそんな感じがして。「だってこれが今の私ですもの。踊り子に向いてないデタラメな体型とデタラメな踊りは、そう簡単に見れるものじゃないの。貴重なのだからラッキーと思いなさいよ」と。なんと図々しさもおばさん級になってしまったようでした！

ヌード界の宮崎美子へ

楽しさは体から溢れ、やる気が出てくると自然と仕事も増えていきました。改めて宣材写真を撮り直すことになり、相変わらず小太りで年齢よりは老けて見えたものの、今度はそんなことはお構いなしのハッピーな写真ができあがりました。人がどう思おうがお構いなし。美しく踊るべきと教えてくれた人の話さえ聞かなかった私でしたが、自分で楽しさを見つけることができたのは、この体型でこの顔でこの踊りしかできなかったから。

お店に入ると相変わらずヤジや憎まれ口を叩かれましたが、右から左へ流していました。落ち込んでいるときはお店の人もバンドも怖い人たちと思い込んでいたのが、自分に余裕が生まれ冗談を言うことも覚えると、彼らはつまらないジョークでも笑ってくれる実は優しい人たちなのだと見え方が変わりました。ジョークって大事。そうすると自分も相手もその場の空気がふわっと軽くなるのが不思議でした。お笑い文化の大阪での野次はツッコミ。コミュニケーションの一つのあり方で、そしてそのツッコミでショーを育てていただいて本当に良かったと思います。

私は単純でした。いとも簡単に世の中の見え方が変わる、自分次第で。それはまるで別世界の扉が開いたよう。私はそのドアを開ける鍵を自ら持っていたのだと気がつきました。

お店へ入るときからすでに踊り子さんでなくてはならないと教えられ、踊りだけではなく乗り込みの服装にも舞踏ダンサーの匂いがしてはダメだと芸能社からお達しがありました。当時、私の舞踏グループだけではなく大駱駝艦など他の舞踏グループの女性もショーで生計を立てていましたが、服装にはあまり構わなかったようです。ある女性がラジニーシの信者で赤い上下の服装に数珠、髪はザンバラでチベット密教の本を小脇に抱えて芸能社の前に現れたときはびっくりしました。

多くの舞踏の女性たちは、真面目でインテリ。お洒落にはあまり興味のなさそうな地味な人が多かったと記憶しています。いろいろな人に会うたびに「ショーは銭稼ぎのためにやっている。私たちは本当は芸術家なんだ」と言われました。あらあらご立派だこと。

私はと言うと、普段は髪振り乱して稽古場で動き回っていたので、ショーに行くときだけはお洒落ができるとても貴重な時間でした。私の参加するグループは舞踏グループの中でも異質で、ショーにも力を入れていました。なのでキャバレーイベントもよくやっていましたし、ディスコやクラブのイベントにも出演していました。

オバはんショーで楽しくなってからは、見たこともない舞踏よりも今経験できている煌びやかなショーダンスに徐々に惹かれてゆき、だんだんコメディ路線に飽きてきました。もっと違う私も見てみたいわ。そう思ってデビューから6ヶ月経ってダイエットを決行。1ヶ月で10キロの体重を落とし、メイクも衣装もすべて変えました。そして再び宣材写真を撮り直しました。

するとどうは一気に想像してなかったことが起きました。この業界のアイドルとして人気が出てきたのです。特に熊本では、当時カメラのCMに出ていた女優の宮崎美子さんに似てると言われ、「ヌード界の宮崎美子が来た！」という触れ込みでグランドキャバレー月世界によく呼ばれました。まさしく〝今の私はピカピカに光って〜〟でした。デビューして短期間で3回も写真を撮り直す人は今まで見たことがないと舞踏グループも芸能社も私の変化に驚き、売り込みを強化しました。でも一番驚いたのが私でした。今まで経験したことのない前代未聞の大変身でした。ますます舞踏

2回目の宣材写

３回目の宣材写真

の生活よりもショーで踊ることの方が好きになっていきました。

この頃のスケジュール帳を見ると、月に一日お休みがあるのみでショー三昧の日々。芸能社が大阪だったので、関西を中心に九州、北陸、四国、山陰、対馬や淡路島などのキャバレーやナイトクラブまで駆け巡っていました。たぶんこの時期が昭和キャバレーショーの最後の華やかな時期。そしてその後、その華やかな火はポッン、ポッンと徐々に消えてゆくのでした。

今思えばひどい話ですが、自由になるお金は月1万円のお小遣いと現場で入るチップのみ。でもその分ショーを純粋に楽しめたように思います。この時期、私は若い20代の女性であることを、ボーイフレンドがいないことを除いて楽しみました。あのまま美大にいたら、かわいげのない頭でっかちの女になっていたかもしれません。ああ危なかった！

ヴァージンストリッパー

奥手で男性経験もないままこの世界でデビューした私は、性に対する興味はあまりなく、というより目覚めていなかった。また母から「セックスは汚らわしいこと。気をつけなさい」と常々教えられてきたことや、前時代的なアングラ劇団の中で繰り広げられる恋愛やセックス観が気持ちが悪かったのです。舞踏グループ内の恋愛は暗黙の了解で伏せられていました。禁止されていても人を愛してしまうことはあり得ると舞踏グループのボスからも言われましたが、「私は踊りに来たの。男を作りに来たのではないわ。そんなの古いです」と生意気でした。私みたいなノーテンキ人間はそれまで舞踏の世界には居なかったようで「新人類がやってきた」と言われました。

のちに舞踏の舞台デビューのとき、みんなはサイバー・パンクのようなメタリックな衣装だったのに、私だけ赤地に黒の水玉がついたプラスチックのてんとう虫！「暗黒舞踏なのに一人だけ『劇団ひまわり』がいる」と評論家の榎本了壱さんから言われました。その後この舞踏グループは「明るい暗黒」と名乗るようになり、「ザ・ベストテン」で荻野目洋子さんの後ろで踊ったりしていると、他の舞踏グループから疎まれたこともありました。

いずれにせよ、ショーが楽し過ぎて性体験どころではありませんでした。B級芸能界ではあるけれど、テレビで活躍するアイドルと同じように「ボーイフレンドは作ってはいけない、性行為は体から清潔感がなくなるからご法度」と言われていたので、女性誌の煽る〝ボーイフレンドのハートを掴むためのハウ・トゥ〟は必要ありませんでした。

あるキャバレーのバンドさんから「この子は、ほんま、この業界に染まらへんなあ」とよく言われました。それは褒め言葉だったと今でも受け取っています。

毎日がショー三昧。地方で出会った男性客やお店の人と飲みに行くダンサーもいて、な

▲メキシコ、キリトラでの撮影。ツインピークスの小人のダンスシーンを再現

▼一番左のてんとう虫の衣装が著者（池袋国際演劇祭）

かには旅先で好きになってしまった男性と逃亡してしまうケースもありましたが、私はお酒や観光に誘われても丁寧にお断りし、ショーが終わればさっさと一人でクラブに踊りに行くかホテルに戻り自分の時間を過ごしました。地方でしか得られない貴重な一人の時間を誰にも邪魔されたくなかったのです。

痩せて体が動くようになったことで、振り付けも楽しくなりました。バンドが入っていないお店では、自分で選曲したカセットテープを使います。80年代後半まではレコードから気に入った曲を探していたので、選曲には凄く時間がかかりました。当時はフェードインやフェードアウトくらいしかできず編集もシンプルなものでした。その後、カセットテープからMD、そしてCDへ、それからスティックになって今はデータ送信のみ。曲の編集も音楽編集ソフトで簡単にできるようになりました。この業界におけるテクノロジーの変化を見てきました。今後はどうなっていくのか楽しみです。テクノロジーがもっと発達して肉体が不要になっても、私はきっとショーをしているのでしょう。

ダンスはもとより曲選びや衣装作り、小道具、髪型からメイクまでセルフプロデュースすることが楽しく、旅先にまでミシンを送っては衣装を作る日々でした。そのうち「毎月くる生理も必要ないなあ」と思うようになり、「生理よ止まれ」と念じたら3年間も生理が止まってしまいました。私の心と体は私がコントロールすると決めたら変わっていく。

ダイエットも生理も私次第と妙な自信がつきました。3年後に、いいかげん生理を復活させようと思い産婦人科でピルを処方していただき、生理がまた戻ってきました。生理のないその3年間、どんなに自由だったか！

舞踏の舞台は3年下積みしないとデビューできないということだったので、ショーにだけ集中する日々でした。同期に入った女性たちは「早く舞台に出たい」と言っていましたが、「私は出なくていっこうに構わないわ」って思っていました。このグループの女性ダンサーたちは内心どこか「ショーは男性に媚びるもの」と思っていたらしく、舞台よりショーが好きだなんて相当バカで変な人と思われていたようです。お互い様よ！

稽古場でみんなが打ち合わせしていても、私はショーダンサーなんだからと、周りから白い目で見られながらもお洒落したり、一人お風呂屋さんへ行ってはお肌を磨いておりました。新人ですがショーに関しては図太い私でした。

そんなある日、男性慣れしてない私が、大阪のグランドキャバレーでお席に呼ばれました。その方は京都の某企業の社長さんで小柄の素敵な紳士でした。私を気に入ってくれて「愛人にならないか」とオファーされました。アパートを用意して月々いくら払うというドラマでよく見たお話。私がその大阪のキャバレーにショーに入るたびに彼は毎回来てくれて、高級なおいしいお寿司をご馳走してくださったり、大阪から京都までタクシーで送ってくださったりと、なんともラグジュアリー！　とても楽ちん。「愛人ってこんなに楽なの？」とは思いましたが、やはり「恋を先にしなくっちゃ」という気持ちもあり、またその頃の私は「愛人なんてダッサーイ！」と思っていたので、数回ショーに来ていただいてお話ししたときにお断りしました。ああ、今ならお受けするのに。本当にお堅い私でした。

そんな私に人生初のボーイフレンドができるのは、これからだいぶ後の29歳。ちゃんと恋をしてからです。めでたし！

高橋芸能社と山田プロ

毎週日曜日のお昼頃になると博多の駅前にあるグリーンホテルのレストランに、九州や山陰地方を周っていた踊り子さんたちが荷物をゴロゴロ引きずりながら集まって来ます。そこで九州山陰地方を牛耳っている芸能社の二人に会ってそれぞれマージンの精算をするのです。銀行振り込みではなく、とっぱらいでギャラを受け取るのがルールでした。次々と踊り子さんがレストランに集まると華やかでした。

「あそこの店には助平なお客がいるから気をつけて」

「あそこのクラブではお夜食まで支給されるわよ、チップが沢山出るから少しステージから降りて客席を回った方がいい」

「あそこのキャバレーのドラムのJちゃんは手が早いよ」

「お店が用意したホテルはお化けが出る！」

「あそこの仕事は、お食事がご馳走だったわ」

踊り子さんたちはそれぞれ行ったキャバレーやナイトクラブの情報をそこで交換したり、衣装を見せ合ったり、他愛のない会話で昼下がりは過ぎてゆきました。

私たちは高橋芸能社と山田プロという二つの芸能社がそれぞれ陣取るテーブルを行き来します。高橋社長は元キャバレー回りの歌って踊るエンターテイナーだったゲイのおじいさん。山田プロは元松竹歌劇団で名を馳せたおばあさん。戦前から昭和の芸能を見てきた二人でした。

二人とも芸能についてはプライドが高く、一癖も二癖もあるラブリーな人たちでした。彼らの仕事を受けて私たちはそれぞれ1週間各地へ散らばり、またこのレストランに戻って来ます。踊り子たちは、毎回少し離れたテーブルに座る二人の間を行き来して、順番に精算してもらいました。

それぞれのテーブルにつくと、「高橋のじいさんはドケチだ」とか「山田のババアなんかに土産持っていくことはない」などと憎まれ口を叩かれるのですが、それが二十歳そこそこの私からすると、この祖父母世代の二人を憎めず可愛らしいと思っていました。高橋

長崎市のクラブ(ミカド)です

2月スケジュール表

夏草はるお

御疲れ様でした。

領収書の有る所だけ収入印紙はつてギャラ集金して下さい。又ショーでキャンセルになった場合ギャラ及び宿泊代交通費は一切出しません。タクシー代タレント持ちです。指定列車以外の料金及び座席指定券は一切出しません。営業時間朝10時より18時迄です。（電話は時間内に）
※（なお、カセットテープは必らず持ってくる事。）
タレントは不平不満は絶対云わないで下さい。

日時	出演キャバレー名称	宿泊先 / 電話番号
6〜8	広島市 ピコ　ラテンクォーター	宿泊先: 28 ホテルピジョン
バンド編成人員名	カラオケ　7000円で集金	電話番号:
9〜休み	博多グリーンホテル泊まってる。となりの食堂	宿泊先:
バンド編成人員名	・(J)(ゼイ)ル J に 5時 2時〜2:30分 頃きて下さい まってます　10〜12 長崎市 クラブ(ミカド) カササギ バンド	電話番号:
13〜15	小倉 ユアラ　シスコ	宿泊先: 店
バンド編成人員名	バンド　・3000円で1万8000円集金して下さい	電話番号:
16〜休み	博多グリーンホテルから食堂(J)ゼイル	宿泊先:
バンド編成人員名	5時 2時〜2:30分ごろくる事	電話番号:
17〜22	広島から 鹿屋市 カノヤ　ヘンリーアフリカ	宿泊先: 寮
バンド編成人員名	カラオケ　料金社長さんによくよくしてもらうこと なっ(事)	電話番号:

長崎市 ミカドです　寮屋さん

店で名前きいて行って下さい 寮屋さん

社長は若い男前のボーイフレンドをいつも横に座らせていました。大の甘党で自ら「わしゃ甘いもんが好きやけ～、どこそこの饅頭を持ってこんかい。買ってくりゃあええんじゃ～」と踊り子につっけんどんに催促し、お土産を受け取ったときと隣に座る男の子を見るときだけは顔が溶けるような笑顔でご機嫌でした。

山田プロは自らを〝山田先生〟と呼ばせ、踊り子を周りに座らせるのが好きで、過去彼女が属していた松竹歌劇団の麗しいショーのお話や、親交があった水の江瀧子や淡谷のり子、タップダンスの中野ブラザーズと共に過ごした日々から、佐世保の進駐軍のためにできたキャバレーでジャズを演奏した日野皓正さんのお父さんの話をよくしていました。またクリスタルキング、シーナ＆ザ・ロケッツなど九州出身の芸能人たちは自分が売り出したと常に豪語していました。

踊り子たちはおだてながらも同じ昔話を繰り返す山田先生には「いい加減うんざり」と言っていましたが、私は彼女の話が面白くて、会うたびに「もっと教えてください」とお願いしていました。そんな私が珍しかったのか山田先生はとても嬉しそうで、若い頃のブロマイドまで見せてくれました。半身は男性、半身は女性という一人二役のクラシックなショーをしていた彼女の写真は、それはそれは美しいものでした。

一夜限りの短編映画

オフの日曜日でさえも踊り子同士つるむことは滅多になく、また月曜日から方々へ散って行くのです。何人もの踊り子さんと一緒に10日間の興行期間を過ごすストリップ劇場と違い、常にたった一人で電車の時刻表を片手に旅をしていました。だから新幹線などで「あ、この人、踊り子さんだわ」って不思議とその雰囲気でわかるのです。時々髪に残ったグリッターのほんの一粒を見つけたりすると「このお姉さんはどこのステージで花を咲かせてきたのかな」と嬉しくなるのでした。

キャバレーの踊り子は同じ場所に一晩だけ、長くて3日間のショーです。なので劇場のように熱狂的なファンがつくことはあまりありません。お客さんはお店のホステスさん目当てに来るもので、踊り子はお酒のアテのようなもの。だからお客さんはショーを見なくても良いのです。踊り子、生バンドの音楽、それぞれのキャバレーの持つ雰囲気、街の匂い……仕事で疲れて飲みに来たおじさんや若いホステスさんから初老のホステスさんまでが作り出す毎回一夜限りの短編映画。決してその作品は残りません。残るのは幻影だけ。だからとても愛おしく思われました。今もドイツの戦前から残るシアターで踊るとき、「このステージではどんな踊り子さんや俳優さんやお客さんが物語を作ってきたのでしょう」と夢見るときがあります。

九州のキャバレーでのショーも年々減ってゆき、レストランに集まる踊り子も自然と一人一人消えてゆきました。憎まれ口の高橋社長も亡くなり、最後はレストランに山田先生と私だけになってしまったときは、ガラガラとスーツケースを引きずるあの懐かしい音と共に現れたお姉さんたちはもうどこにもおらず、時々レストランのガラスのドアの向こうにその面影を見るようでした。

ストリップ劇場はスターが出ます。でもキャバレーやクラブの踊り子は無名。なので踊り子さんもこの業界で本気で名前を残してスターになりたいと思う人はいなかったと思うし、そういう発想もなかった。

とにかくどこでも一人なのでライバル心を感じたことがなく、みんな一匹狼でした。我が強くないのです。だから自然とこの世界から消え去ってゆきました。夜を彩った無名の踊り子さんたちは今どうしているのでしょうか。

数年前、北九州にあったキャバレーベラミの寮を買い取った方がお掃除をしたところ、大量の踊り子さんの宣材写真が発見されました。まるで遺跡から出た出土品のよう。しかし一般の人にとってはそれは、ただの古びた無名ダンサーの写真。その一枚一枚はポーズや表情、衣装など味わい深く、見入ってしまう魅力がありました。その中には私が知っている踊り子さんも数名おりました。彼女たちは年齢と共に去って行きました。過去に踊り子だったことを黙っている人も多いことでしょう。

早変り バラエティ ショー 青山たかし

19歳の頃に浴びた罵声、「ババア引っ込め」。痩せた途端にアイドル。これが古い時代の現実。でもね、毎晩酔っ払ったお客さんとホステスさん、そこにゴージャスなビッグバンドと踊り子さんの笑顔で場が華やいだたった数分のショータイム。華やかに向日葵がパッと咲くような、時にピンクムードでしっとりとその場その場を作った踊り子さんたち。年齢や容姿のせいで自分たちを卑下することはないわ。罵声はひどいじゃないの！　いい加減にしなさいよ、このクソ親父！

旅先で会った優しい姐さんたちは、いつの間にか消えていきました。旅館の仲居さんをやっていたり、地方のキャバレーで男性と一緒になり、ホステスさんをしたり、その後の足跡はわかりません。そんな彼女たちに今も感謝と、「あなたたちが作った夜は輝いていました」と伝えたいです。

私が今でもショーを続けている理由の一つは、何よりもこの無名の踊り子さんたちに向けて。お姉さんたちが作ってきたショーの一瞬一瞬が素晴らしかったから。酔っ払いに一瞬でも希望を、笑いを、そして明日への勇気を生み出したと思うの。だから「歳を取ったから」とか「体型が変わったから」という理由で踊り子を引退し、キャバレー回りのヌードダンサーだった事実を公にできず消えていった彼女たちに、感謝を伝えたいためでもあります。

グランドキャバレー

博多の渡辺通りにあったグランドキャバレーミナミ。私にとっては、まるでお城のようでした。中洲の繁華街から少し離れた所にどーんと佇む円形ドームのような建物はとても存在感が強く、内装もゴージャスでした。ステージは広く天井からは見事に巨大なシャンデリアが下がっていました。ビッグバンドも一流でお店の人たちもまさしくプロフェッショナル。私はこのキャバレーでショーをすることが毎回楽しみでした。

スケジュールでミナミの名前を見ると、毎回飛び上がって喜びました。ここの醍醐味はお城のようなキャバレーの最上階にあるショータレント専用の広い宿泊部屋。地方に行くとホテルに泊まったり、クラブのオーナー宅に滞在することが多いのですが、稀にそのままキャバレーに宿泊部屋がついている場合がありました。そこには専用のキッチンやバスルームもあって快適でした。

部屋を出ると、建物に沿って緩くカーブする廊下に小さな窓がついていました。それはまるでヨーロッパの古城のよう。「キャバレーに泊まれるなんて、なんてラッキーなのかしら!」と感動すらしていました。私自身がキャバレーと一体化してしまう感覚とでも言うのでしょうか、まるでキャバレーのお腹に入ってしまったような心地良さを感じていました。

昼間のキャバレーは薄暗く息を潜めているように静まり返っています。キャバレーがひっそり呼吸をしているよう。それは夜のためにしっかり鋭気を養っているよう感じました。その薄暗がりの中でお掃除の方や仕込みのために早く来る厨房の料理長さん、ボーイさんなどと顔を合わせると、「おはよう、おつかれさまです」と一言二言声をかけ合うだけで、それぞれが旅人のように違う方向へ向かいます。私はステージへ。素顔のステージに上がるとハイヒールのコツコツと鳴る音だけが反響し、そこは夜よりも広く感じたものでした。

たぶんどんな劇場にも、キャバレーでさえもステージには魔物が棲んでいると思うの。そこにはすべてを包み込む静かなエネルギーが充満している。ステージに寝そべり、頬擦りするかのように挨拶をするのが今でも儀式になってい

グランドキャバレー天守閣の板さんと

ます。その魔物に身を委ねると自分の力以上のショーができる不思議な場所です。だから日本を遥か離れた場所でも、キャバレーやシアターのリハーサルが始まる前の誰もいないひっそり静まり返った時間と空気とステージが大好きなのです。

夕方になると昼間とは打って変わってキャバレーの本領発揮の時間。ガラッと雰囲気が変わり華やかな戦闘モードに変わります。私は部屋から降りてキャバレーの楽屋に入ります。従業員通用門から続々と「おはようございます」という声と共にホステスさんが足早にやって来ると、キャバレー特有の場内放送が流れます。バンドが音楽を奏でグラスがぶつかる音や笑い声が混じり始めると夜の幕開けです。

正装したボーイさんたちは場内を駆け巡り、煌びやかな女性たちが会話を盛り上げます。どこかいかがわしい魅力とゴージャスな夜の世界。お客さんたちはご贔屓のホステスさんとダンスを踊ったり生バンドでカラオケを楽しんだり。

ダンスは頬と頬とを寄せ合うチークダンスだけではありません。可憐なステップとはこのことかと思うくらい本当に上手な方々がホステスさんにもお客さんにもいました。私は楽屋でその雰囲気を感じ、ショータイムまで準備に励むのでした。

私たちは特別にご指名がない限り、お客さんのお席には行きません。なのでいつもステージ上からキャバレー全体の空気を感じるのです。景気の良い時代から悪くなった時代、その時代時代で場内の色は異なり、それは薔薇色のときもありましたが、重たく霞んだ黄色のときもありました。疲れたお父さんたち、ビジネスマン、町工場の人々、社長さん、お医者さん、ヤクザ屋さん、ホステスさん、ボーイさん、キャバレーにいるすべての人、その色は悲しみや喜び、憤りや馬鹿げたおふざけ、恋の悩みや人生の悩み、喜怒哀楽すべてが混ざってできあがっていました。その色を変えるのが踊り子さんやステージに立つ人の役目。ステージに出ると「ど〜んと任せてよ。そんな淀んだ色なんて吹っ飛ばしてあげるわ！」と思って毎回ショーをしていました。

お客さんはショーを見ても見なくても良いのです。だけど、最後には一人でもこちらを向くに決まっている。そして一人でも拍手をくれたのなら、その日は良い夜でした。誰も振り向かないなかショーを始め、最後には遠くのお客さんがステージまで来て割り箸に挟んだチップをくれたり、二階席からも体を乗り出して声援を受けたりするのが醍醐味であり大好物でした。

2回のショーが終われば、もう仕事は終わり。楽屋でメイクを落とし部屋に戻ると、お店のざわめきも消え、またひっそりと静かなキャバレーに戻ってゆくのでした。

いつの頃からかこのキャバレーミナミの宿泊部屋はなくなり、ホテル滞在になってしまいました。他にも滞在できたキャバレーは小倉キャバレーシスコ、姫路キャバレー白鷺、島根県益田キャバレー赤玉などがあったのを覚えています。

大阪の京橋には天守閣という大型キャバレーがありました。その並びにキャバレーショーボート、女神と続いていて、駅の向こうには「京橋はええとこだっせ〜グランシャトウがおまっせ〜♪」のＣＭでお馴染みの総合レジャービルに入っていたキャバレー香蘭。わりと近距離にキャバレーが数軒あり、どこもバンドさんが入っていました。総合レジャービルの中は、確かサウナ、宴会場、キャバレー、パチンコ、中華料理店と当時の男性諸君が喜ぶメンズオンリーな娯楽施設でした。

京橋はまさに大阪庶民のエネルギーみなぎる街で、キャバレーで働いている人もお客さんも、街の騒音や歩く人でさえも不思議なリズム感のあるファンキーさを感じました。

「雨の日はワンセット３９８０円ポッキリ！」と駅前に大きく看板が出ていたグランドサロン天守閣。ここが私のデビュー当時にヤジを飛ばされ、成長させていただいたグランドキャバレーです。裏口から入ると、最初にキッチンで働いてる板前さんたちに会います。

鋭い目つきの強面の威勢の良い兄さんたちに挨拶。

「後でポテトでも持って行きや〜。今日もおきばりや〜。可愛いなあ！　お茶いこか」

次は事務所に挨拶。

「イタチが出るねん！　かなわんわ〜。今日一日イタチ退治よ〜。おはようさ〜ん」

「間違い電話、ぎょうさんかかってくるわ。『大阪城ですか〜?』って。天守閣はキャバレー言うてるのに！　まあわかるけども」

主任さんがメガネを拭き拭き、拍子抜けしたリズムで話しかけてきます。この大阪の人たちの作る空気は心をオープンにさせてくれました。何気ないけれどクスッと笑わせる会話。大阪の新喜劇って実際の生活から生まれるのね。

ドーム型店内にはキャバレーにつきものの巨大シャンデリアがど～んと吊り下がっていました。ステージも広くバンドさんも16人編成で豪華。ショー出演者の名前もお店の壁に日々大きく掲げられ、ステージから自分の名前が目に入ると嬉しかったわ。司会者は主任さんやボーイさんなどショーの司会に向いた人が担当で、ショータイム前になると蝶ネクタイを締めてステージ袖にやってきます。特に主任さんのＭＣはお見事でした。ここはまるでラスベガスか!? この庶民的な街には不釣り合いのゴージャスさで、ショーダンサーにとって「さあ、ステージへ。いざ出陣」という覚悟を決めさせてくれる華やかな口上でした。今まで多くのキャバレーでショーをしてきましたが、ここの主任さんのＭＣが世界で一番かっこ良かった！

ショー出演者はバンド部屋に自分の譜面を持って打ち合わせに行きます。譜面を見ながらテンポや、ドラムソロの終わりのキッカケなどを伝えます。サミー・デイヴィス・ジュニアに似たドラムさんや声のいいピアノさんがいて、大阪ならではの冗談が常に飛び交って笑いが絶えませんでした。

「この子は、キャバレーに染まらへんなあ。そこがいいとこやなあ。ドラムソロの終わりはこっちを向いて投げキッスしてや〜」

「そんなん、ずるいやん、僕にだって投げキッスしてや〜！」

私はシャイだったので最初このノリにどうしていいのか戸惑いましたが、徐々に慣れて自分でも冗談を言えるようになりました。

ドラムソロはゆっくり始まり、徐々に盛り上がり、ダン、ダン、ダン、ダカダカダカ……最後はジャーンで決めポーズをして最低3秒は微動だにしない。これが決まったときは客席からの拍手や口笛、かけ声で大盛り上がり。たまにバンドからもかけ声が飛び出ます。してやったり！

このキャバレーは季節によって春は「節分祭」や「お花まつり」で桜とピンクの提灯を飾り、夏は「ハワイアンナイト」、秋は「紅葉祭り」、冬は「クリスマス」など工夫を凝らし、お店のディスプレイやバンドさんの奏でる音楽も季節に合わせておりました。こういう企画はどこのキャバレーでもありましたが、バブルを境になくなってゆきました。

天守閣は大きいキャバレーですが、客席の反応がダイレクトに伝わってきました。デビュー当時、ヤジが飛んできたように。

ショータイムが始まると、お客さんはほとんど隣のホステスさんとの会話に夢中です。私たちはその夜のオマケで、あくまでも主役はホステスさんとお客さん。でも徐々にお客さんがこちらを気にし始めます。時には遠くの席からホステスさんを連れてステージの目の前までやって来て、とろけるような笑顔を見せてくれます。

お客さんに、そしてキャバレーで働いているすべての人へ愛を捧げる、たぶんそれは愛。愛という言葉しか見当たらないのだけれど、その不思議なコミュニケーションが成立したときは、最高に気持ちいい。それがショーの醍醐味の一つ。だからなかなかこの世界をやめられないのかもしれません。

天守閣のキャバレーの半地下には寿光というクラブがありました。天守閣の一部と二部のショータイムの間、ここで一回ショーをします。その都度バンドさんと出演者はゾロゾロと移動します。寿光は、ステージというより少し高くなったフロアーで踊り、キャバレーより客席が近く狭いので、お客さんやホステスさんの顔がよく見えます。さっきまでキャバレーにいたお客さんが寿光まで追っかけて見に来てくれることもありました。

「はるかちゃん、がんばりや〜。応援したるで〜！」

昼間は泥んこになるまで働いて、夜はキャバレーで笑顔を見せてくれるおじさんたち。

実はこのキャバレー天守閣には古い資料が残っていました。16ミリフィルムで撮られた店内や過去のフライヤー、ポスターなどがスクラップされていたのです。今はどこへ行ってしまったのでしょう。残っていますように！

バンドさんとの思い出

ショーダンサーだけでなく、キャバレーと共に姿を消したのが、キャバレーのバンドさんたち。キャバレーには2組のバンドが入って交代制だった頃もあり、ショーをするバンドはショーバンド。もう一つをチェンジバンドと言いました。ムード歌謡を歌うバンドさんだったり、生演奏に合わせてお客さんが歌うことができるバンドさんだったり。だからテンポや歌い始めのキッカケが下手なお客さんには、バンドさんが合わせてあげることができました。カラオケではそうはいきません。

小倉のキャバレーシスコのチェンジバンドは、六人編成のお爺さんバンドで珍しくバンドネオンとバイオリンを弾く方がいらっしゃいました。それはもうロマンチックでかっこ良くて私は大好きでした。穏やかで優しい風貌のお爺さんバンドマンたちが奏でる音色は、切なく美しくキャバレーに響き渡ります。

まだメイクも終わっていない私は、ちょくちょく楽屋から出てはキャバレーの隅っこから覗き、聴き惚れていました。高い天井から吊り下がる緞帳とこのお爺さんバンド。まるで古い映画のワンシーンのようでした。きっとお爺さんたちはキャバレー全盛期の1950年代を見てきたのではないでしょうか。

良き時代のキャバレーにはカラオケなどはなく、こんなに麗しいバイオリンの調べが流れていたのでした。ダンスをゆったり踊りながら耳元で囁いたり、あのキャバレー独特のほんのり暗いテーブルランプの揺れる灯りの下で口説き口説かれたり。唇、煙草、指先、囁き……なんて今の歌の歌詞には出てこなくなりましたね。誰もがきっとこの日常から離れた夜を楽しんだことでしょう。

しかしこの素敵なバンドはキャバレーの景気の雲行きが怪しくなり始めた頃、一番最初にお店から姿を消しました。踊り子の仲間内でも「あの素敵なお爺ちゃんのバンドさんがもうシスコには居ないらしいの……」と惜しむ声が上がり、時代とはいえ寂しくがっかりした記憶があります。

楽屋から聞こえるキャバレーの音は、徐々に変わってゆきました。神戸の三ノ宮にあったキャバレー月世界には2バンド入っていて、ショータイムの寸前までステージへ繋がる狭い通路で控えていると、先程までステージにいたチェンジバンドの方々とバトンタッチをします。その入れ替わりのときにいつもチェンジバンドのバンマスが欠かさず私に「おきばりや〜」と濁声で話しかけてくれました。そんな些細で何気ないキャバレーで働く人々のたった一言や振る舞いが、愛するキャバレーの味わい深い記憶となって私の体に染みついています。

昼間からやっている梅田のキャバレーは甘いマスクのフィリピン人男性歌手のいるバン

ドさんでした。この時代、キャバレーなどではフィリピンの方々も多く働いていました。目をしっかり見つめて話すどこかエキゾチックな彼に私はドキドキしました。キャバレーのなんとも贅沢な時代を経験できましたが、これがギリギリ最後の時代でした。

私たち踊り子は楽屋入りをし、バンドさんが演奏を終えた頃、バンド部屋へ自分の譜面を持ってショーの打ち合わせに行きます。打ち合わせでは1ステージ3曲なので6曲分になりました。16人編成のビッグバンドのときは譜面も16人分で2ステージ分を合わせると、辞典ほどの重さになりました。

今の時代だったらどうなのでしょうか？　紙だったからこそ時々譜面にバンドさんのいたずら書きや、音楽のポイントなどが書き加えられていて、それが奏でる音楽の味になっていました。

私の踊りにはドラムソロがあって、「そのドラムソロを止めるキッカケはこの動きで」とか「テンポはこのくらい」と手拍子を打って伝えます。それらも書き加えられたりします。いろいろなバンドさんが書き込むので消しゴムで時々消すのですが、消し忘れると「俺が書いた印がまだ残ってた！」と喜ばれたこともありました。

デビュー時にヤジが飛んできたあのキャバレー天守閣のバンドさんとは、いつも冗談を言い合うようになり、バンド部屋からは笑いが絶えませんでした。関西のキャバレーのバンドさんたちは皆キャラクターが濃く、和気藹々としていました。そんな調子で育ったので、初めて横浜のキャバレーに入ったとき、打ち合わせで同じように冗談を言ったところ、場が白々しい空気に包まれてしまいました。

「あら、ノリが悪いわね、やっぱり東京エリアはクールなのね」と皮肉を呟きましたっけ。心の中で。

前述したようにキャバレー天守閣では夏は「ハワイアンナイト」がありました。場内が南国風に装飾され、ボーイさんやバンドさんはアロハシャツ、ホステスさんはムームーにハイビスカス。ハワイアン・ヌードショーをやっていました。「ビニビニ」とか「アロハオエ」、「ビヨンザリーフ」、「ブルーハワイ」などのハワイアンのスタンダードをバックに踊ります。いつもは歌わないバンドさんですが、この時だけはピアノさんが「南国の夜」を美声で歌ってくれました。踊りながら、その名曲に切なくなってきます。

マーティン・デニーのエキゾサウンドというジャンルがありますが、ニッポンキャバレーのエキゾ。それはどこかハワイというより宮崎の南国を彷彿させる懐かしく儚く、若大将のサーフサウンドや前時代のハネムーンを彷彿させるエキゾでした。ここはどこで、いつの時代だろう。時はテレビで「いかすバンド天国」が放送されていたバンドブームの頃、私の好きなバンドはキャバレーのバンドさんでした。

譜面を持つことがなくなりつつある時代でした。自分のショーで使う譜面がないことは恥ずかしいことであると習った最後の世代。東京のキャバレーでは、譜面を踊り子が持っているほうが珍しく、バンドさんからも億劫がられ、お任せで踊るお店がほとんどでした。大阪や九州のキャバレーの方がエンターテイメントに対してプライドがあり熱かったように思います。バンドさんたちはどんな曲でも、その日にそれぞれの出演者が持ってきた譜面をその場で難なく演奏してしまうのですから。感心しました。

譜面は16人編成用、九人編成用、六人編成用とありました。徐々にバンドさんも減ってゆき、尼崎のとあるキャバレーではとうとう最後にはリズムボックスと二人編成。ビッグバンドで踊っていた「スウィング・スウィング・スウィング」や「ゴールデン・アーム」のゴージャスさがなくなり、イ・パクサのポンチャックディスコのような、ある意味面白いのだけれど、相当トンチンカン。衰退してゆくキャバレーは憎めないけれど、「勘弁して〜」と思って踊っていました。

尼崎のキャバレー100万ドルには菊地成孔さんにそっくりなトランペッターがいて、まさしく100万ドルに値する演奏。ちょっと生意気なことを言うとキラっと目が光り「お前、生意気だ」と睨まれちゃった！

宮崎たそがれのドラムの純ちゃんは色っぽく、踊り子を口説くのが上手でした。踊り子さんのキスマーク入りのサイン帳を持っていて、陰毛をセロテープで貼り付けてある人もいました。私もたそがれに入るたびそのサイン帳にキスマークをつけました。私もショーの後に口説かれ、飲みに連れ出されたことがあります。そして酔っ払って朝方ホテルへ！しかし私はラブホへ入ったことがなく回転ベッドや電飾が面白くて遊び過ぎてしまい、純ちゃんは手に負えず疲れて眠ってしまいました。私はマッチ箱にマッチを擦った炭で〝バイバイ〟と書いてそそくさと出て行きました。

尼崎のクラブ阪神の当時30代のラブリーなバンマスは、ジャズミュージシャンだけど店から「演歌をやれ」と強いられ渋々演奏。スキを見てはまたジャズに戻るという技を見せていました。バンマスは年々酔っ払いしょぼくれていき、ジャズミュージシャンとはこういう人のことをいうのだと私は思っていました。そのバンマスを慕い、当時22歳の私と同年代くらいの男の子が「いつかはニューヨークへ行くんだ」とバンマスの下で修行していました。ケンちゃん、元気かな。

広島チャイナタウンのバンマスは、楽屋では嫌味をよく言う人で有名だったけれど、昼間はタップの先生をしていて一度体験レッスンに行ってみたら、まったく違う優しい印象でした。若いお嫁さんを持つ京橋ショーボートの初老のバンマスは、人の顔を見れば「早よ結婚せえ。結婚が一番やで」と口癖のようにご忠告をくれました。

大阪キャバレーサンのバンドはビッグバンドで、昼から営業していた。昼の3時にショーがあり、夜はショータイムが2回。時々ビッグショーが入り、中村晃子さんや火野正平さんなどと楽屋が一緒になったこともありました。

著者が出演した生バンドが入っていたキャバレー

Qキャバレーではどんな人たちが働いているの?
支配人、ボーイ、ホステス、板前、会計のおばさん、バンド、芸能人、キャバレー付きの歌手、キャバレー付きの民族舞踊団など。

【大阪】

グランドサロン
天守閣&寿光（京橋）
キャバレー王将（堺東）
キャバレーパルコ（難波）
キャバレーサン（難波）
キャバレーチェスター（梅田）
グランドパレス（梅田）
キャバレージャンボ（梅田）
キャバレーミス大阪（日本橋）
キャバレーリンデン（道頓堀）
キャバレー
ユニバース（日本橋）
キャバレー
ショーボート（京橋）
キャバレー女神（京橋）
グランシャトー・
ナイトクラブ香蘭（京橋）
キング・オブ・キング（十三）
キャバレー大統領（十三）
グランドサロン十三（十三）
ラテンクォーター（十三）
キャバレーミス布施（布施）

【名古屋】

キャバレー太平洋
グランドキャバレー美人座

【兵庫】

キャバレー月世界（三宮）
キャバレー
チャイナタウン（三宮）
キャバレー
100万ドル（尼崎）
クラブ阪神（尼崎）
キャバレーななえ（尼崎）

【中国山陰地方】

月世界（福山）
チャイナタウン（広島）

【四国】

レインボー（高松）
椿（高知）

【九州】

ミナミ（博多）
桃太郎（博多）
シスコ（小倉）
月世界（熊本）
キャバレー新星（延岡）
キャバレーミカド（長崎）
たそがれ（宮崎）
ラテンクォーター（宮崎）
白馬車（大村）

【東京・横浜】

ハリウッド赤羽
ハリウッド小岩
ハリウッド北千住
ハリウッド池袋
レディタウン（蒲田）
パリー（横浜）
白いばら（銀座）

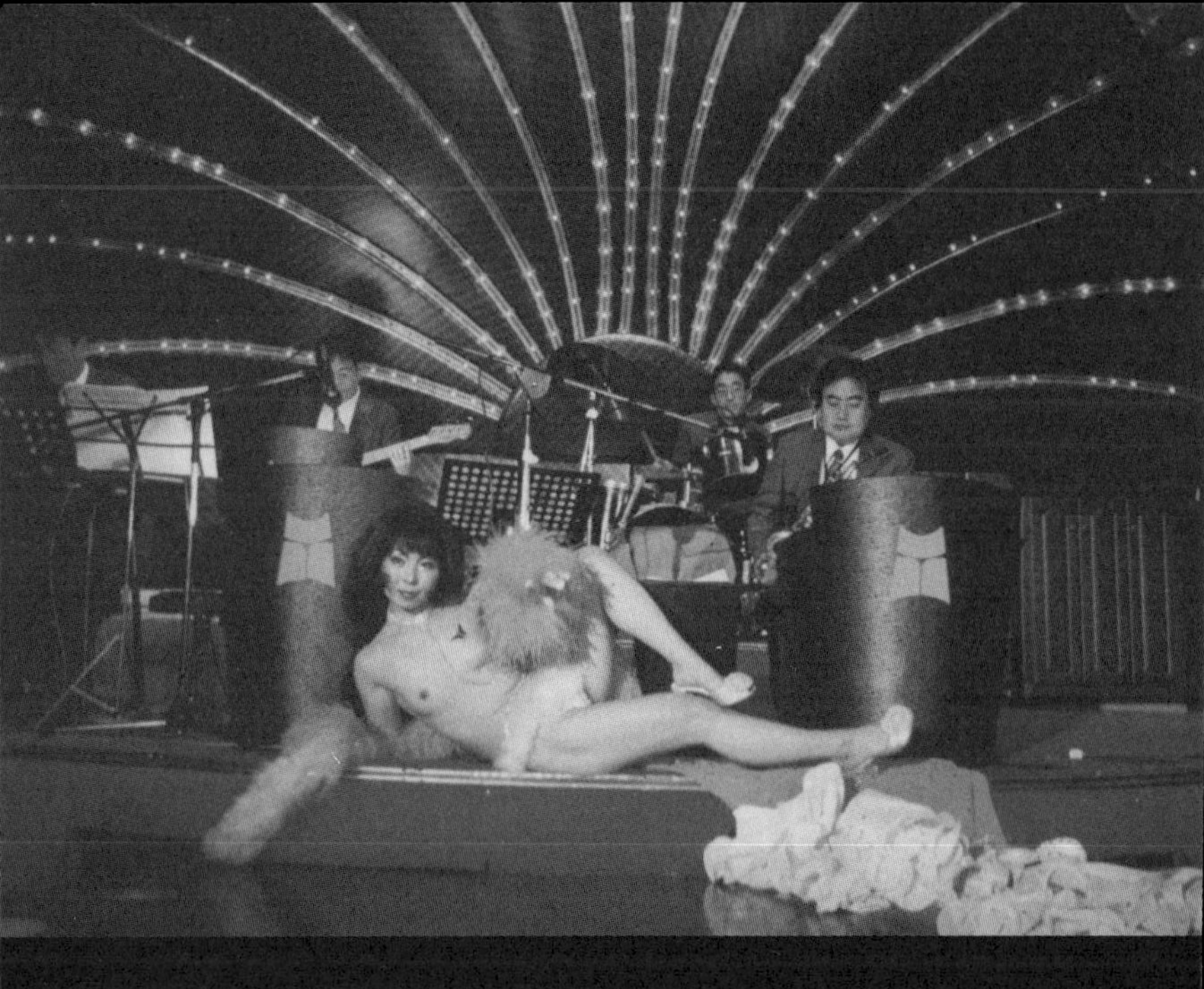

ショータイム・バンド変成

店名	ショータイム	バンド変成	店名	ショータイム	バンド	
尼崎 クラブ阪神	8:30 10:00	3R A.T.P. C.B♭	京橋 ショーボート	8:20 9:30	3R C. B♭ A.T.P. (	
百万$	8:30 10:10	3R A.T.P. C.B♭ (8:00 打合せ)	天守閣 寺光	8:00, 9:30 9:00	3R 3SAX 2P. 1B. C. B♭(7:40 打)	
~~ナホエ~~	8:40 10:00	3R A.T.P.C.B♭ (8:30 打合せ)	堺 王将	~~8:10~~ 8:20 ~~9:20~~ 9:30	3R. 3SAX. 2P. 1B (7:30 打)	
十三 キングオブキング	8:00 9:20.	3R. A.T.P.C.B♭ ~~(7:30 打合せ)~~	和泉大津 ワールド	8:30 9:30	テープ	(078-331-6540)
サロン十三	8:10 9:40.	D.B.G.C.B♭ (メモリー) 7:30 打	三ノ宮 月世界	9:00 10:10	3R. A.T.P.C B♭ (7:30 入り)	~~331-95~~ ~~078-331-6230~~
クラブ北	8:15 9:40	テープ	十三 ローズサーバード マドンナ	8:10 9:00	3R.C B♭ テープ	1pose
南 昼サン.	3:00	テープ	十三 風流 大統領	8:30 9:00	テープ	1POSE 2stage
南 サン	8:00 9:30	3R. 3SAX. 2P. 1B. (7:40 打合せ)	梅田 ジャンボ 361-5479	8:00 9:40	テープ (7:20 打合せ)	
リンデン	8:00 9:20	3R. A.T.P. C. B♭ (7:30 打合せ)				
ミス大阪	7:30 9:30	3R. A.T.P. C. B♭ (7:25. ステージ集合)				
ニューロイヤル	8:00 9:40	テープ				
ミスパール	8:00 9:30	テープ				
ファラオ	8:00 10:00	テープ				
			福山 月世界	8:30 10:30	3R.C 7:40 打 2sax 1Pet 1Bonn	6:00 食事 7:00 迎えあり

ヤクザ屋さんから殿下まで

数えきれない場所、数えきれない記憶……そして数えきれない人々に、日本や海外で出会ってきました。そこにいる人々をステージ上で踊りながら眺めて思うのは、〝ショーを見に来られる人々はどこか滑稽で愚かで憎めない人たち〟ということでした。当時二十歳そこそこの生意気だった小娘の感想は、今でもあまり変わりません。

そのほとんどが中年以上のお客さんたちでした。お医者さん、先生、華道家、季節労働者、自衛隊、政治家、日雇いのおじさん、漁師さん、ビジネスマン、経営者、極道の妻、芸能人、パチプロ集団、ヤクザ屋さん、そしてロイヤルファミリーまで。

芸能人がその道の方々のパーティーで仕事をしたことでバッシングが起こる現代の風潮に私は呆れるばかりです。お客さんはお客さん。そのショーを見たいという気持ちには変わりないと思っています。裏道か表道かなんてどうでもいいこと。品行方正な振る舞いを河原者に求める方がどうかしてると思います。でもそれを言えるのはB級芸能人の強みかもしれませんね。メインストリームはやたらと不自由。

でも思い出してほしい。河原で自由に踊り歌い世の中に反旗を翻し、その常識には囚われない芸能が人々の心に響き、目に見えない愛や霊験を生み出したはず。

対馬にあったキャバレー白馬車でのショーの後、お客さんに呼ばれました。その方はまさにその道の方。ドーンと構えた親分は、大阪の○○組の組長さんでした。子分のおじさんたちを連れて釣りをしに対馬まで遊びに来られていました。

「この世で一番大切なのはなんだと思う？」

「もちろん、愛です」

「違うよ、お金だ！」

なんと想像通りのお答え。

「世の中の道徳なんて、時代によってコロコロ変わるんだよ。信じられるものは金のみ」

私は「信じられるものはお金だけじゃないけど、常識なんて変わる」と母から言われ続けてきたことを思い出し「まったく同意します」と相槌を打つと、親分は私に立派な名刺をくれました。

「何かあったら連絡をよこしなさい。力になるから」

和紙でできた名刺には肩書きにしっかりと〝○○組組長〟と書かれていて、その裏も表もない、いや、裏稼業だけれども「俺は組長だ！」という正々堂々とした意志が潔く伝わってきました。その名刺が神々しくて、しばらくウチのリビングに飾っていました。

私はこの世界に入ってから、世間一般の世の中で疎まれているものには悪い一面だけではないという確信が生まれていました。

あるとき混雑した新幹線に乗ったときのこと。ほとんどの乗客が立っているなか、怖そうなおじさんたちの隣の席が二つも空いています。見て見ぬふりをする乗客の間を縫って「すみません、そこ空いてますか？」と入り込みました。踊り子さんは肉体労働、少しでも移動時間は体を休めたいのです。すると怖い人たちの顔が綻んで、「どうぞどうぞ。お姉ちゃんどこまで行くの？」と紳士的に窓側席へ入れてくれました。そのうえお弁当までご馳走してもらったり。

鹿児島のとある小さな漁師町にあった小さな高級クラブでは、町に一人だけのお医者さんから、たった一人だけのヤクザまでが集まり一緒に飲んでいました。ジャパゆきさんのフィリピーナも鹿児島弁が達者で、私には理解不可能な会話で皆、和気藹々と仲良しでした。お医者さんが、山下清画伯に似たヤクザの男性に「もっとしっかりしろ」と説教する様子がなんとも微笑ましく、それぞれの役割が決まっていてみんなそれを演じているような、そんな不思議な町でした。

このヤクザのお兄さん、どこか純真で素朴。お客さんたちに「お前が踊り子さんを町案内してやれ」とせっつかれ、私は昼間はまったくお客さんとは付き合わないのですが、このときは吉本新喜劇の役者さんのような、どこかとぼけた彼の町案内を受け入れました。翌日、車で迎えに来てくれましたがなんと軽トラ！　それも町に一つの電気屋で借りてきたというその車で案内していただきました。お土産にと畑にズカズカ入って行き、大きな文旦を盗んで私に持たせてくれました。

「え！　いいの？　泥棒だよ」

「いいの、いいの、持っていって。またおいでよね、この町に」

映画でしか知らない極道の妻という方々は、実際お会いするとまさしく映画のままで感動しました。着物をピシッとキメて品があり、背筋がピンとしていました。なんとも華のある美人で似合う色は絶対、金、銀、黒、白！　ピンクなんか絶対着ない。そんなふうに見えました。存在感の強さとはどうやって生まれるのでしょう。背負ってきた人生や覚悟で彩られるのでしょうか？

本来は親分さんが来るところ、「彼は今お勤め中なので私が来ました」と席に呼んでくれました。そのときのお客さんは、この姐さんと五人くらいだったと思います。姐さんは「お客も少ないのによくやってくれました」と席に着くと、さっと5万円をチップとして私に差し出しました。強い中にどこか現実をビシッと捉える視線にいろいろなものが見えました。それが何かははっきりとはわからないけれど、おおらかで優しく見えました。

ヤクザ屋さんはこういうタイプの姐さんが好きなのか、私は絶対に極道のお嫁さんにはなれないわ。覚悟も色気もまったく足りていない。

あるお正月、大阪の十三で昼間から始まる新年会に呼ばれました。大概は芸能社からお客さんの情報が入りますが、今回は知らされず早めに現場の料亭に到着しました。芸能社より早く着いた私は、ショーをする和室の横の楽屋へ通されました。和室の障子の下がガラスになっていて中が見えます。黒っぽいスーツの怖そうな人たちが100人ほどズラ〜っと座っていました。その筋の方々の専門用語が出てきます。声のトーンもまさしくヤクザ映画。おやまあ。大迫力！

後から胡散臭い芸能社の社長が、所属タレントを連れてやって来ました。歌手と手品と妙なエアロビのようなショーを交えたパッケージショーと、私のショーがこの日の演目。社長自らがMC役で、派手なスパンコールのタキシードにおどけた大きな蝶ネクタイをしています。舞台では愛想笑いに揉み手。楽屋では「お正月早々テンヤもんかい。最近のコッチ系はほんま､ドケチやでぇ」と愚痴りながら､出された丼物をすべて平らげていました。

会合が終わると若い衆が廊下にズラっと並びます。廊下に出るたびに私に「姐さん」と頭を下げるのです。なんだか不思議な気分でした。同い年くらいの若い衆。

「なぜ君らはその道へ？」

「そちらはなぜヌードダンサーに？」

お互いアウトサイダーの卵同士。少年の面影が残る君たちもゆくゆくはいかついヤクザになっていくのだろうか。きっと私も貫禄ある踊り子さんになってゆくのね。

キャバレーには様々なお客さんがいます。いわゆるヤクザ屋さんやその関係者の前でも数多く踊ってきましたが、一度も怖い思いをしたことはなく、毎回温かくショーを迎えてくださるお行儀の良い方々でした。お行儀が悪いのは、大抵酔っ払って羽目を外す一般の人たちのほうでした。

ある日、馴染みの京都の芸能社のお仕事で雄琴に行くようにと指示があり、いつも通りホテルのラウンジで待っていると、「今日は衣装の入っている荷物はここに置いておきなさい」と言われました。

「ショーは今日はなしだよ。その代わり、ある会社の社長さんとほんの2時間お食事をするだけだからよろしく。危ないことはないから。それが今日の仕事だ」

ラッキー！　まるで映画の『プリティ・ウーマン』！

現れた男性は少し恰幅が良く、昭和の映画に出てきそうな巻き煙草がいかにも似合いそうな50代くらいの男性でした。穏やかな笑顔で紳士的に「私とお食事にお付き合いください」と言われました。舞踏のグループでは健康的な普通の食事しかしていませんでしたから、私は目を輝かせて「ぜひお供します」とついて行きました。

アペリティフに、それまでいただいたことのない新鮮な生牡蠣、聞いたこともない食べ物、美しいフレンチ・キュイジーヌ、神戸ビーフ、美味しいお酒をいただきながら、なぜ私にこのお仕事を依頼したのか話してくださいました。

彼は雄琴では有名なソープランドの経営者でした。若い頃は銀座にあった日劇ミュージックホールの照明さんをされていて、そこで踊っていたメリー・ローズ（※２４８頁）嬢の大ファンで恋い焦がれていたそうです。私の宣材写真を見た途端、まるでメリー・ローズのようだと。そんな理由で私にお仕事を依頼してくれたそうです。「一度でいいからお食事をしたい」と。なんともメリーさんに感謝です。

メリー・ローズ嬢はグラマラスでちょっぴり太めの体型。「とてもチャーミングで愛らしい表情、コケティッシュな可憐さはとても光っていた」と、彼は遠くを眺めながら嬉しそうにお話ししてくれました。私の知らない日劇ミュージックホールのお話。そのメリー・ローズ嬢とは女優の春川ますみさんです。社長さんはホテルのラウンジまできちんと送ってくださいました。私は芸能社の社長にお礼を言いました。

「こういうお仕事は何度でも大歓迎よ！」

稽古場に戻り、この素晴らしいお仕事のお話をしたら、みんなから「踊りをしないなんて、そんなの仕事ではない」「芸能社には注意をする」と怒られてしまいました。私が「こんなに最高な仕事はないわよ」と言っても、誰も聞く耳持たずでした。

芸術はお堅いのね。なのでこれ一回限りのお仕事でした。お名刺をいただいたのに、そこに連絡するというアイデアが私にはなかったのが残念です。

私はこの業界に入ってもなかなか染まらないと言われていました。どこの世界に行っても、私は私色なのだと思います。きっと頑固なのかしら。

またあるときの話。「和歌山のナイトクラブでの仕事が入った」と芸能社から連絡があり、指定された通り南海電車に乗って和歌山へ向かうと、駅で小柄な男性が待っていました。大概芸能社からは「現場で指示を受けるように」という簡単な言伝のみが多く、まったくどういう感じか見当がつかないこともよくありました。

その頃の私は、現場で一緒になった歌手のお姉さんたちや芸能社の社長がするお愛想話にも、媚を売るようなお世辞がまったく言えない人でした。だから会話することもなく黙々とショーをし、余計なことは一切語らず、聞かれたことのみ「ハイ」と返事をするくらい。だからこのときもいつも通り差し障りのない自己紹介をした後に「まず事務所へ行こう」と言われ、この男性について行きました。

そこは普通のマンションの一室。この芸能社の男性と家族が住んでいるようです。そしてチンピラ風の男性が数人。どうもここはその筋の方の生活臭のする組事務所のようでありました。

以前に数回行った滋賀県の某A会の経営するナイトクラブに出演したときも、隣接する親分のご自宅の応接間が楽屋になり、そこでお化粧をしたものです。昭和の家庭によくあった木製の菓子器に山盛りのお煎餅と飲み物がいつも出てきました。いかにもその筋の方の趣味が垣間見える応接間は迫力があり、されどきちんと掃除が行き届いていて愛を感じました。

「まずは親分に挨拶をしなさい」と別の部屋に呼ばれたことがあります。親分さんは恰幅が良く〝ザ・オヤブン〟といった堂々たる風貌でした。ご挨拶をすると鋭い眼光でこちらを見据え、静かに「おお、そうか。がんばりや」と一言二言おっしゃるだけ。きゃ〜映画みたい。かっこいい！　応接間の立派さと組長の立派さは比例するのね。

その夜に出演するナイトクラブは控え室が小さいので、衣装など必要最低限のものだけを持ち、あとは事務所に残して現場へ向かいました。このヤクザ社長さんは、なんだかチャラい。強面でもなく、どちらかというと人懐っこい感じがしました。私も仕事なのでニコニコしながら普通に対応しておりました。

この日のショーの仕事を終えると、ヤクザ社長に数軒のカラオケバーなどへ連れ回されました。それでも「これも仕事のうち」と思い黙々とただついて行きました。何軒かハシゴした後、やっと今日泊まるビジネスホテルへ到着。

「おつかれさまでした。またよろしくお願いいたします」と挨拶をし、私はやっと自分の時間ができたと、ホテルの部屋で化粧を落とし始めました。ほっとしたのも束の間、突然ドアが開いたのです。そしてこのヤクザ社長がいきなり襲いかかって来ました。同時に私は大声を出し汚い言葉で怒鳴りつけました。自分の瞬発力にも驚いた！

「てめえ、何考えていやがる！　馬鹿野郎！　何様のつもりじゃ、ボケ！」

殴っちゃったかな。そこは覚えてないのだけど、ものすごい剣幕だったと思います。すらすら出てくる罵詈雑言に自分でも感心するほど！　せっかく仕事が終わり一人になれる時間なのに、それを台無しにされた怒りで、頭から噴火して溶岩が飛び出しそうなほどでした。ホテルのロビーラウンジまでドカドカと降りて行き、フロントにいた貧相なオヤジにもこの怒りをぶつけました。

「あんた、いくらヤクザのじじいだからって、ホテルの合鍵を渡すなんて、どんな根性してんだよ。プロ根性曲がってる。このドアホ！　プライドっつーもんはねえのかーっ！やめちまえ！　くそじじい」みたいなことを大声で怒鳴りました。後ろからあたふたとヤクザ社長がついて来ます。まるで吉本新喜劇のようだと、怒りながらもちょっと冷静に思っていました。タクシーを拾わせ「いいからとにかく事務所へ行け」と命令しました。タクシーの中では、たぶん顔が般若になるくらい怒り顔だったのだと思います。舞踏集団での鬼ババアの怖い顔を作る特訓が役に立ったかも！

「なんや、最初に駅で会ったとき、学校のセンセーみたいな、可愛らしいおっとなしい子や思うたのに、こっわいなあ。静かにしてや、お願いや～」

ヤクザ社長は体裁が悪いのか、眉毛が八の字になってあわあわ。タクシーを待たせたまま、マンションの部屋へ向かいドアを思いきりガンガン。子分を叩き起こしました。目を擦りながら何事かとパンツ一丁の子分がドアを開けるや否や、私は中へ入り自分の荷物を担ぎタクシーへ向かいました。

「何事や～？」

「てめえの腐れドアホに聞きやがれ！」

タクシーまで、相変わらずあたふたしながら腐れドアホがやって来て、1、2万円を手渡されました。

「言わんといて～。小遣いやと思うて。ギャラは後で送るから」

バーカ。私は始発で京都へ向かいました。しかしこの社長、「あれはギャラだった」と後で私の芸能社にのたまったのです。そんなお金とっくにみんなにご馳走して使い切った後でした。本当にみみっちい奴だわ。私の一人の時間を邪魔する者はただじゃおかないわ！

次は〝ヌード界の宮崎美子ちゃん〟というキャッチフレーズをつけてくれた熊本のグランドキャバレー月世界のお話。ここでは台湾の芸能団も入ったとても華やかなショーが繰り広げられていました。この店は本格的な中華料理が売りで、ショー出演者の楽屋にもおいしい夕食が出されました。

出演者のための専用のアパートがお店の近くにあり、出演する芸能人たちは毎回とても大切にされていました。こういう大きなグランドキャバレーでは、タレントさんを客席につけることはほとんどありませんでした。それは夢を売るタレントさんが簡単にお客さんの側に行くことで安く見えちゃいけないという理由でした。〝近所に住む隣のお姉さん〟

であってはダメだったのです。昔の気質が残っていた素敵なキャバレーでした。
それでもある夜店長さんが楽屋に見え、「すぐに呼びに行くので少しの間だけついてくれませんか」と言われ、客席へ向かいました。するとそこには袈裟を着た僧侶の団体さんがいらっしゃいました。そのときのショーはオリエンタル風。バーレスクの面白いところは〝何々風〟を作ることです。そのものをそのままやるのではなく、デフォルメし、その人オリジナルに昇華させるのがバーレスクだと思っています。だからカルメン風、アラビアンナイト風、芸者風、映画『愛の嵐』のシャーロット・ランプリング風などなど、インスパイアされながらも、そこに踊り子さんの持つ独自のアイデアを加え、見たことのないものを作るのが面白さだったりします。

そのときの私のショーはどこか多国籍な中近東やバリ、インドと和物がざっくり混ざったような確かに少しピンクな極楽浄土を想像させるようなショーでした。そのショーを見たお坊さんたちが「ぜひ私を席に呼んでほしい」とご指名してくださったのです。着席すると、お坊さんたちは「どうぞどうぞ、こちらへ」と私を招き入れ、座った途端に「観音様が現れた〜」と言って拝まれました！

自分の観音顔は自覚していましたが、子供の頃よりこの和風な風貌にコンプレックスを持っていました。だからこのコンプレックスだった純和風の観音顔がキャバレーでありがたがられるなんて思ってもみませんでした。これぞオリジナル。もちろんお布施（チップ）もど〜んといただきました。約束通り完璧なタイミングで店長さんが私を呼んでくれて私はそのお席から楽屋に戻りました。あっぱれキャバレー月世界。

キャバレーも徐々に不景気の煽りを受け、大型の店がなくなっていく頃、地方都市の芸能社はナイトクラブだけでなく、カウンター席しかないスナックでもショーをブッキングしていました。カウンター席の後ろは人一人通れればOKというほど狭いお店もありました。お客さんは振り返りながらショーを見ていました。さぞ良いストレッチになったことでしょう。

こういう小さいスナックでは、店の大きさと反比例してチップが沢山出ます。スナック数軒を掛け持ちしてショーをしたこともありました。キャバレーと違ってショーを見るより、ショーダンサーが近くにいるということが喜ばれました。だから一晩で8万円くらいチップが入ったこともありました。

あるとき、そのうちの1軒が焼き鳥屋さんでした。「え〜っ、いくらなんでも焼き鳥屋はないでしょう」と思ったものの早めにお店へ下見に行くと、店長さんが丁寧に天井の小さなライトの一つ一つに、小さく切ったオレンジのゼラチン（照明のフィルター）を貼り付けていました。

「みんな楽しみにしていますよ」と言われ、私は感動しました！　普段は焼き鳥を焼いていてゼラなんて貼ったことはないだろうに、その微笑ましい努力に「わかったわ。まかせといて！　断然張り切っちゃうもんね」という気持ちになりました。

入り口の扉はいわゆる横開きの硝子戸です。カウンター席と、奥に四人ほど座れる御座敷があり満員でした。こんな夜に限って、まったく焼き鳥と似つかわないモンロー風のウィッグとコスチュームで登場する私。待機していた車から出たのは寒空の下、やれやれ。自ら扉をガラガラと開けて登場すると「待ってました〜」と一斉に拍手が沸き起こり、その熱気に外の寒さは吹っ飛び、私のいつものグランドキャバレースタイルのショーのチグハグさに自分でも面白くなってしまいました。こんなことは滅多にない。そしてお客さんは皆、サザエさんに出てきそうな波平さんやノリスケさん、マスオさんのような気の良さげなお父さんたち。下品な助平親父は一人もおらず、とても温かいのです。

ショーの最後は、入り口の横に立てかけてあった一枚板の立派な看板を見つけ、それで体を隠すと「看板になりたい！」という掛け声と笑い声。登場と同じようにガラガラと扉を開け、笑顔を残しつつ後ろ向きに外へ。もちろん後ろに誰かいたらお尻が丸見えの裸ん坊です。田舎だったので、そこにいたのは大きなお月様とコオロギくらいでしたけれど。

あるクリスマスの夜はパウダースノウ舞う札幌郊外の病院のパーティーに呼ばれました。薄い群青色に浮かぶ青白い山々を眺めながら千歳空港から車で向かう道中で、会場と

なるサナトリウムの説明を受けました。その施設には重度の障害者の方々が入所されています。カフェや患者さんのための陶器や手芸品のアトリエもあり、ソフトウェア開発をされている患者さんもいらっしゃるとのこと。年末年始に帰省できない人たちのために開かれるクリスマスパーティーでした。

ショーが始まると、すぐに女性の方が瞳を輝かせながら一緒に踊り出しました。たぶん40歳は超えていらっしゃる方。溢れるような笑顔で手を叩いて体を揺らしています。なんというクリスマスのギフトを私は受け取ったのでしょう。その素直な反応に私もステージから飛び出さずにはいられず、彼らの近くで踊りました。車椅子に乗った体がまったく動かない男性たちは、ホーキング博士のような天才たち。目には映らない音もない反応を私はしっかりと受け止めました。病院で何年も過ごす彼ら。でも心は自由でどこへでも飛んでいけるのよね。

ショーが終わり、着替えてからもう一度自ら客席へ出て、みんなと一緒に踊りました。なんというか、この業界では滅多に味わえない無垢で純粋な喜びを受けとって胸がいっぱいになり、楽屋から飛び出さずにはいられなかったのです。このクリスマスの夜を一緒に過ごせたことは忘れがたい思い出です。

1年中毎日ショーを入れている景気の良いホテルのラウンジがありました。本物さながらのジャングル風呂が有名で、〝はだか天国〟のコマーシャルでお馴染みの琵琶湖のホテル紅葉です。紅葉パラダイスという遊園地も敷地内にあって、70年代はレジャーランドとしてもポピュラーだった人気のホテルです。

大きな演芸ホールでは松竹ダンシングチームなど、子供からお年寄りまで楽しめる大人数のレビューショーが入っていました。ヌードショーのあるラウンジはホテルの最上階にあって、琵琶湖が見渡せるミッドセンチュリーな雰囲気のクラブでした。お客さんはホテルの宿泊客から近所の人まで。ヌードダンサーは15日交代でいろいろな踊り子さんが順番に入ります。私も年に3、4回はここで踊っていました。エレクトーン奏者、台湾の芸能チーム、そしてピンクヌードショーなどが入っていました。

近くには高松宮杯が開かれる大津びわこ競輪場があり、殿下は毎年このホテルを定宿にされていました。ちょうどその滞在された日に、私がショーで入っていました。

「ワシもショーが見たい！」と言われたとか言われなかったとか。なんと殿下がショーを見に来ると言うのです。支配人が楽屋にやって来ました。

「今日は全部脱がなくて良いから。4曲のところ2曲でやってくれへん？　穏便に！」

「誰の前でも平等にショーをする」それが私の信念でしたが、それじゃあヌードショーにもならないじゃん。そう思いながら承諾しました。いやいや、やっぱり脱いじゃおうかな。えへへ。

店の人の緊張具合が伝わってきましたが、私はどうもこういうことに動じないので、いつも通り控え室へ向かいました。ラウンジの中を見渡すと、黒っぽいスーツに身を包んだいかにもなお偉いさんたちがお行儀良く並ばれ、殿下はなんと！　一番真ん前のど真ん中に浴衣で座っていらっしゃいました。その〝ショーを見たい！〟という意思をしっかり受け賜りました！　殿下のお隣にははんなりと芸者さんが座ってらした。孫娘のような歳の私のショーをどうご覧になるのだろうか。

ニコッと殿下に向けて悩殺笑顔を振りまくも、一向に顔色が変わった様子はなかったのですが、殿下の瞳の奥がきらりと光ったのを見逃しませんでした。本当にチョットだけよん。隣に座る芸者のお姉さんはニコニコと美しく微笑み、黒服のお偉いさんのおじさんたちも、場所を少し温かくしてくれようとしたのか、「おお〜」とか言いながら笑顔で拍手してくれました。

そしてなんとその翌年の高松宮杯の日も、偶然にも私がショーを務めることになりました。だから2年連続、殿下は私の〝悩殺ニコッ〟を受け取ったのです！

不思議なご縁で、実は同じ時期に私の母も高松宮殿下とお会いしていました。母は自由が丘の社交ダンス教室に通っていましたが、あるダンスパーティーに殿下がいらして一緒に踊ったとのこと。なんともオープンマインドな殿下。そして母娘共々踊りの種類は違えど殿下にお会いできたのは光栄でした。さて、私は脱いでしまったのでしょうか？　それは殿下と私の秘密です。

ホテルでのショーも沢山ありました。ホテルのラウンジや宴会場で踊ったり。宴会場は大概中小企業の慰安旅行のお客さん。和室もあれば洋室もあり、どれもステージがついていました。〝旅の恥はかき捨て〟とは言うものの、ショーができなくなるほど羽目を外すお客さんに遭遇したのは人生でもほんのわずか。皆さんお行儀はよかったです。ステージから降りて「チョットだけよ〜」も、今はなき文化ですね。

滅私奉公はもうおしまい

京都の舞踏グループに参加して10年が経ち、内輪揉めでこのグループの解散が決まり、それまで住んでいた稽古場を全員が去る時が来ました。大きな転機です。

それまでこのグループでは「キャバレーのショーは踊りのためになる、素晴らしい」とあれほど謳っていたのに、解散が決まった途端に「こんな男に媚びを売る仕事なんかやりたくない」と手のひら返し。「芸術じゃないショーなんてやってられない」と嘆いてみんな去って行きました。

また、解散後すぐに私と男性メンバー二人で新しくパフォーマンスグループを作ったことで、他のメンバーから「解散したばかりなのに無神経だ」と責められました。そのうちの一人と恋愛関係にあったこともお気に召さなかったようです。人の足を引っ張るような歪んだ仲間意識からは一刻も早く抜け出そうと決めました。私は創作活動は情熱だし、誰を好きになろうがツベコベ言われたくないという思いが強く、やりたいことを即やるのがなぜ悪いことなのかまったく理解できなかったので、解散後はこの方々とは疎遠になりました。滅私奉公はもうおしまい。

今まで当たり前のように周りにいた沢山の人たちとの関係が無になりました。一人暮らしを始め、踊り子さんという肩書きで本格的に生きてゆくことになるけれど、大学生以来10年間のコミューンのような共同生活に慣れた私は、やっていけるのだろうかという不安もありました。しばらくは楽屋でボーッとする日々。それでも私の中にはショーをやめるという選択肢は浮かびませんでした。相変わらず、35歳を過ぎたらできなくなると言う周りの呪いの言葉も聞き入れませんでした。好きだったから。

ちょうどその頃、東京パノラママンボボーイズを知り、キャバレーをテーマに作られた彼らのデビューCDを見て一目惚れをしました。「絶対にこれは面白い」という確信みたいなものがあり、予想通り彼らの音楽に感激しました。レトロな時代のおしゃれさと音楽の面白さをわかっている人たちがいるんだとワクワクしました。

彼らが大阪でライブをするというので、ショーが終わって駆けつけましたが間に合わず。マンボボーイズに会えなくてとてもがっかりした思い出があります。

そんな時期、九州の山田プロから、キャバレーミナミのお仕事が入りました。その頃の大型キャバレーはミュージシャンに箱貸しを始めていました。前回福岡のお仕事に行ったときに、たまたまキャバレーミナミで東京スカパラダイスオーケストラのライブがあったので、踊り子の特権を使って裏からショーを見させていただきました。

山田プロは御年70代の女社長。

「そういえば、夏草さん、東京パラパラっていうの好きだったわね、キャバレーミナミでコンサートがあるのだけれど、ゲストパフォーマーを探しているらしいの。興味ある?」

「え？　スカパラと共演？　もちろんやります」と二つ返事でお受けしました。今後の人生の道を探っていた時期だったので、いただいたお仕事はなんでも引き受けました。そのうえスカパラだなんて素敵！

打ち合わせで伺うと、東京パラパラはスカパラではなく、なんとパラダイス山元と東京ラテンムードデラックスでした。あの東京パノラママンボボーイズのパラダイス山元さんが作ったバンドです。ご高齢の山田先生が間違えるのは無理もないことですが、私はこの偶然にさらに飛び上がり、もちろん一緒にショーに出演することを承諾しました（このときにキャバレーミナミの原さんが担当され、それ以来交流があります）。

好きなものはあちらから飛んでくるという確信が持てました。そしてこれがご縁で、山元さんと東京ラテンムードデラックスのショーにその後もご一緒させていただき、フジテレビの深夜番組「ラテン専科」にも出演させていただきました。キャバレーを面白がっている人は私だけではないことを知り、とても勇気づけられました。

その時期、京都のクラブメトロでも同じように「キャバレーナイト」が始まりました。それは日本の昭和キャバレーではなく、キャブ・キャロウェイのような30年代、40年代テイストのジャズバンドと踊るキャバレー音楽イベント。

そしてもう一つ、まだLGBTが世の中に浸透していなかった頃、クラブメトロで「Club Luv+」というエイズベネフィットパーティーのレギュラー出演も始まりました。クラブでの〝エイズ・セックス・セクシュアリティ〟についての情報発信・交換の場でした。ドラァグクイーンやセックスワーカー・アクティビスト、フェミニスト、HIV陽性者など、様々な人たちのネットワークや活動が「Club Luv+」を通じて始まりました。これはのちに私の海外進出へ繋がっていきます。

キャバレーイベントと本業のキャバレーをこなす日々。この頃から私はショーの名前をキャバレーでは夏草はるか、それ以外のクラブ活動ではミス・エロチカと名乗りました。本名のチカにエロをつけただけの簡単な名前。綴りは〝Erochica〟で、この〝chica〟は

▲キャバレーミナミ前にて　▼キャバレーミナミのステージにて

評!!世界の社交場シリーズ第２弾
お見舞
グランドキャバレーショー
月26日 金曜日
午後7時 前売3000円
午後8時 当日3500円
つき・全席自由席
未満の入場は固くお断りします。
グランドキャバレークアトロ
ラブクアトロ）
477・8750
合わせ
CO音楽映像部
770・4666
パラダイス山元と
東京テンムードデラックス
一ッ木舞
ベリンダ
園田ルリ子
ソリマチアキラ
テディ熊谷
渡辺ファイアー
エルドラド冨士森
パラダイス山元
チャーリー宮下
その他の出演
セクシーアイドル 夏草はるか嬢
ミサイルアダジオ ジョルジュ高橋&リタ嬢
リンボーダンス ゴールデンプエルトリカン
チケットセゾン ☎03・5990・9999
チケットぴあ ☎03・5237・9999
丸井チケットぴあ ☎03・5385・9999
人気イラストレーター、ソリマチアキラの甘くせつない唄声に、さらにスケールアップしたセクシーダンサーの数々。夢の豪華絢爛バーチャルグランドキャバレーショー。全国各地の本場のキャバレーですこぶる評判の噂のステージを心ゆくまでお楽しみ下さいませ。マンボにチャチャチャ、ドドンパと、日本のキングオブマンボ、パラダイス山元のごきげんなパーカッション＆ＭＣにブラボー。
どうぞ御期待下さいませ。
専属司会者 チャーリー宮下
世界の社交場シリーズ第三弾 10月26日(水) 渋谷クラブクアトロにて開催決定! 9月10日前売発売開始

スペイン語で女の子という意味です。

ショーの人生を模索しながら、私は元舞踏グループの男性と新しい道を探っていました。もともと彼とはこのグループに入った時期も一緒で、新人類、個人主義などとお互い言われていました。なので解散したらその個人主義同士がくっついたということになります。

私たちはプロフィールにも元〇〇舞踏グループなどと名前を一切出さず、まったくの更地から自分たちで何かを始めようと決めました。そもそも舞踏は前世代の人たちが作り上げたもの。すでに敷かれたレールの上を歩いているだけで、結局グループの駒に過ぎないと、どこか虚しさと自分たちの無力感を感じていました。

そこで、ダークでファンシーな縫いぐるみのような、性器がデフォルメされたパンティストッキング素材の（綿入りで肌がまったく見えない）着ぐるみを着て、その中の各関節にミブリという音の出るセンサーを仕込み、ショッピングカートにマッキントッシュのSE30とMacbookを載せて登場。Macを通して音を出すインタラクティブ・アートパフォーマンスユニット〝ポエティ・パーティー〟を始めました。オリジナルの着ぐるみをヌグミーという名前でキャラクター付けして、ヌグミーが織りなす世界を作りました。喉の振動を使ってコンピュータ上に絵を書いたり、指や関節を動かしたりステップを踏むとAIが言葉を発し、エロチックなヌグミーが動き出す。

それまでの裸の舞踏とは違い体の線が見えないため、舞踏好きの人々からは散々酷評されましたが、「そんな人たちとはオサラバよ！」ととんがっていました。ところがこれにデジタル業界の人たちが興味を持ってくれて、デジタル実験音楽のイベントに出演したり、Appleが興味を持ってくれて「Mac エキスポ」などでショーをしたり、私たちをブッキングしてくれるアミューズメントパークなども出てきました。

衣装と同じ素材のダークな縫いぐるみに興味を持ってくれたハリウッド女優のデミ・ムーアがヌグミー作品を買いにやって来ましたが、私たちのこの活動がなんのジャンルかは誰もカテゴライズできませんでした。自分たちでさえ、わかっていませんでした（笑）。なので最初の作品の展示は、知人のオフィス。普段は使われていない広いスタジオでした。そこを自由に使っていいということで、泊まり込んでは好きなだけ作り込みインスタレーションをしました。

この場所は実はバタイユの『眼球譚』の翻訳者、生田耕作さんの息子さんのオフィスでした。京都の路地を入ったところに、ピンクと黄色のふわふわしたゼリーのような通路とその奥に赤線部屋のような部屋を作り、不思議な濡れた植物のような作品や縫いぐるみを並べ、窓からはコスチュームを着た私が手招きしている。一歩入るとイチゴの匂いが鼻を突く異空間。猥雑さとファンシーさと愛と暴力的な感覚を刺激するインスタレーションを作りました。それはまるで私たちの〝いけない遊びのクローゼット〟。そんな部屋ができあがりました。ここまで作り込めたのは京都という土壌と私たちを面白がってくれた生田さんのお陰です。

アート活動のやり方もわからず、なんでもやってみようという無謀な私たちでした。アートといえばニューヨーク？　まったく無知な私たちはその後ニューヨークへ行き、街角でストリートパフォーマンスをしたり、フェティッシュパーティーに乗り込んだり。わけもわからず片っ端からアポイントもとらずギャラリーへ乗り込んでは英語もできないのに「写真を見てくれ」と売り込む無鉄砲さでした。

そんなとき前から気になっていたパルコのアーバナートに応募するも、私たちはカテゴライズされず外されるところでしたが、その年の審査員に立花ハジメさんがいらして、「これは入れないとダメでしょう」とギリギリ選考されました。そしてなんとパルコ賞を受賞することができたのです。

キャバレーミナミインタビュー

博多にあったグランドキャバレーミナミ創立者のご子息である原正浩氏へのメールインタビューを掲載させていただきます。大変貴重な証言です。ちなみにこのキャバレーのテーマソングは橋幸夫さんが歌っております。そのレコードを以前いただき、今も大切に保存しております。

――ミナミの創業日はいつですか？

創業は1966年（昭和41年）11月1日です。

――なぜミナミを作られたのですか？　お名前の由来はなんでしょうか？

1961年に父は、現在は動物園と植物園などになっている福岡市中央区の南公園近くにホテル南という福岡市では2軒目の連れ込みホテル（ラブホテル）を開業しました。ホテルは4年ほど営業したのちに売却して閉店、その時の資金でキャバレーミナミを作ったと思われます。名前の由来はホテル南からです。ちなみにホテル南は改修され、2018年まで福岡中央消防署として使用されました。開業した理由は今となってはわかりませんが、創業時は橋田さんという父の友人が社長で父は専務でした。橋田さんは福岡で有数のパチンコ店の経営者で、父は祖父が立ち上げた「原建設株式会社」の常務だったので、二人とも本業を持っていました。原建設は祖父が社長、父の兄が専務で弟二人も役員だったため、父としては将来を考えて「自分の事業を持たねば」という気持ちがあったと聞いたことがありますが、どうもそれが創業の理由ではなさそうです。キャバレーミナミ勤務中も数年間、一級建築士の試験を受けていましたから。

それまで福岡のキャバレーといえば月世界だけでした。妹の話によると、橋田さんと父は仕事が終わると毎晩のようにキャバレー月世界に行っていたようです。当時の月世界は毎晩大盛況で、奥さんの実家が酒屋さんだった橋田さんは、定価の何倍も高い価格でビールが飛ぶように売れるのを見て「これは儲かる！」と思い「俺たちもキャバレーをやってみよう」と父を誘ったようです。開業時、父は33歳、橋田さんは38歳。二人ともキャバレーでアルバイトすらしたことがなく、日本が戦後の好景気とはいえ、とてもすごい決断だと思います。開業後は、橋田さんはほとんど店に出社しなかったために父が経営に専念し、のちに父が社長に、橋田さんは会長になりました。橋田会長は2019年8月に91歳でお亡くなりになりました。

——お店の大きさは？　どのくらいの規模からグランドキャバレーになるのでしょうか？

キャバレーミナミの敷地面積は約600坪ですが、店舗としては300坪ほどだと思われます。ご質問のグランドキャバレーの定義ですが、いろいろと調べましたが、結果は「よくわかりません」です（笑）。私個人の感覚としては、ホステスさんが100人以上で十分にダンスが踊れるスペースがあるのがグランドキャバレーで、キャバレーよりはグランドキャバレーの内装のほうがゴージャスで高級感がある感じがします。ただ業界的には「グランドキャバレー」ではなく「大型キャバレー」と呼んでいました。

——キャバレーミナミはお客さんのキャパは？

ゆったりと座って500名ぐらいで、ビッグショーになると席を増やして700名ぐらいだったと思います。

——ホステスさんやボーイさんなど従業員の方は何人ぐらいいらしたのでしょうか？

一番多かったのはやはり開業当初でホステスさんは500人ほど、男性スタッフは支配人以下30人以上いたと思います。男性のお客様のトイレが2箇所ありましたが、それぞれのトイレに用を足したお客様におしぼりを渡すだけの係員もいました。また、会計やホステスさん呼び出し係、調理場や託児所の裏方の女性スタッフも20人ほどいました。

開業16年目の1982年に1年ほどキャバレーミナミで働いたことがあります。その頃、ホステスさんは250人で、50人ずつ5つのグループに分けられ、五人の男性マネージャーと五人のママさんで管理・指導などをしていました。どこか学校みたいでした。1995（平成7）年3

月31日の閉店時にはホステスさんは100人程度になっていました。

――キャバレーはドーム型でしたが、特別な建築デザイナーさんがいたのですか？

なかなか興味深い質問ですね。福岡3大キャバレーと言われた月世界、ミナミ、赤坂はすべて一戸建のドーム型でしたが、全国的に見たらドーム型のキャバレーはそう多くはないと思います。以前、どこかの大手の建設会社のサイトで、キャバレーミナミの設計図がアップされていたのを見た記憶があります。しかし今日は探し出せませんでした。実家から持ってきた荷物の中に図面があったような気がするので、改めて調べてみます。

――当時、どのようなショーが入っていましたか？　また営業時間は？

先日、バンドリーダーの宮島清二氏とミナミの閉店以来25年ぶりに会いました。宮島さんは（2020年）現在88歳と思われます。宮島さんはキャバレー月世界で8年間ドラム奏者として演奏されたのち、開業3年目の昭和44年にキャバレーミナミに来られました。その後バンドリーダー（バンマス）となって閉店までミナミにおられました。ミナミには宮島さんのフルバンドと4～5人のコンボバンド

があり、確か夕方5時半の開店から夜8時までは「ダイヤモンド・パーティー」という中華料理が食べ放題のディナーショーを毎日やっており、夜7時半のショーの始まる前までコンボバンド、ショーからはフルバンド、夜8時からのキャバレーの本営業からはコンボバンドとフルバンドが交互に演奏をしていました。基本的にはショーはフルバンドの担当でした。閉店時間は夜11時45分だったと思います。これは風俗営業法で、12時までにすべてのお客様にお帰りいただくことが義務付けられていたからです。

ショーの話をしたいと思います。父は生前「ミナミに来てないのは、美空ひばりと石原裕次郎だけだ」と言っていましたが、まんざら嘘ではなさそうです。ショーは毎日やっていて、有名なタレントさんのビッグショーは月に2本ほどで、そのときは一日2ステージでした。

普段は歌謡ショー以外にマジックショー、ヌードショー、ジャグラーショーなどがありましたが、お笑い芸人のショーはビッグショー以外見たことがありませんねぇ。普段のショータレントさんの出演は2~3日で、「ダイヤモンド・パーティー」を含めて一日3ステージでした。ショーの音楽はほとんどがフルバンドの生演奏だったため、宮島さんやバンドメンバーの方はタレントさんの初日のお昼間にみ

んなで一緒に音合わせをしていたそうです。

――もっとも印象に残っているショーを教えてください。

私が一番印象に残っているタレントさんは、妹弟を含め三人の満場一致（大袈裟な）で〝レモン浜田さん〟です。ちかさんはご存知ですか？　ミナミには年に2～3回ほど出演されていた方で、年齢は50歳以上だったと思います。「ブルーボーイ」というタイトルのショーで、女装したおじさんがノーパンでネグリジェをまくり上げて、それはそれは超デカいチ○ポを振り回しながら客席を廻るだけなのですが、ホステスさんになかなか人気がありました。

あとエレキの神様の「寺内タケシとブルージーンズ」のショーも印象に残っています。普通のビッグショーは一日だけですが、寺内タケシさんはバンド機材の関係でほとんどが2日間で、しかも普段は1ステージがだいたい45分なのに1時間半ほどのステージ（と言うよりはコンサート）を2回もするもんだから、ホステスさんもお客様も話をしたりお酒を飲んだりすることができず、商売あがったりでした。ただ、父が寺内タケシさんのライブが好きだったので、年に一、二回はありました。また、フィリピンや台湾、シンガポールからの歌手やダンサーのショーもあり、バンマスの宮島さんが歌唱指導をしていたとのことです。

――ビッグバンドのバンドさんたちは他でも演奏されていましたか？

ミナミのフルバンドやコンボバンドは「深見音楽事務所」の所属でしたが、他での活動はなく「宮島清二とリズムエアーズ」という名前の専属バンドでした。

――私がショーで入ったのは80年代終わりから90年代ですが、当時ミナミに宿泊するのが大好きでした！　ショー出演者以外にも宿泊された方はいらっしゃったのでしょうか？

一階のタレントさんの楽屋の近くにホステスさんの寮がありました。三階にはタレントさんの宿泊部屋と、ボーイさんの寮や外国人タレントの部屋もあったようです。宿泊施設ではありませんが、一階のホステスロッカーの奥に託児所もあったようです。

ところで、いつ頃かはわかりませんが弟がミナミでショーマネージャーをしていた時期があったそうですが、ちかさんの担当もしたのかなぁ。それと先日に宮島さんが、ミナミの記録DVDを持って来られました。近いうちにダビングしていただけるとのことなので、ちかさんにもお送りしたいと思っています。確か夏草はるかさんも映っていたと思いますよ。

第2章　エロチカ・バンプー誕生

消えゆくチラリズム

私たちはパルコ賞受賞を機に、長年住んだ居心地のいい京都から東京へ引っ越すことにしました。この軽いフットワークは今でも自慢です。

そして彼はアートの方向へ。私はたまに彼の作品のモデルになったり手伝ったりしましたが、やはり私にはショーの世界が向いていました。10年在籍した関西の芸能プロダクションをやめて、フリーランサーとして生きてゆくことになったのです。まあどうにかなるだろうと、都内のキャバレー専門の芸能社を当てもなく探し出しては宣材を持って面接に行ったり、イベントのブッキングをやり始めました。不景気の中、フリーでやっていくことの大変さを思い知り、どんなに芸能社に守られていたのかを改めて実感し、心から感謝しました。

そして早速東京のキャバレーで踊り始めるのですが、関西に比べて東京のキャバレーはショーに対していい加減なお店が多くて愕然としました。東京に期待していた分、随分とがっかりしたのを覚えています。それはもう最後には怒りに近いものがありました（笑）。

大手キャバレーチェーンのハリウッド池袋では、照明も音響も適当でライトが自分に当たらないときは、自らショーの最中にピンスポットに当たりに行き、光のなかへ飛び込みました。呆れ果てて言葉もありません。

またハリウッド立川では、ステージがなんとIKEAで売ってるようなちゃぶ台だったこともありました。それほど東京のキャバレーではショーに対しての愛が感じられなかったのです。まるでダメ男を愛してしまったかのよう。

東京のキャバレーでバンドさんが素晴らしかったのは蒲田のレディタウンでした。「セッションとはこのことか！」と思うほどバンマスのサックスと私の踊りの合戦は楽しかった。最後には二階席のお客さんも身を乗り出してくるほどでした。グルービー！

そして私は、同業者の踊り子に対してもメラメラと怒りの炎が燃え上がっていたのです！ ストリップ劇場で売れなくなった踊り子やAV嬢、素人さんがキャバレーにどっと流れ込んで来て、チラリズムのルールは破壊されていきました。ギャラさえもらえれば何をやってもいいのか!? 〝ストリップティーズ〟から〝ティーズ〟がなくなってしまった。〝焦らす〟はいずこへ？

何より悲しかったのは、そうしないと仕事がなくなると思い込んだフロアーダンサー（キャバレー回り専門の踊り子）までもが素人さんと同じことを始めてしまったこと。これでは衰退するのは必然。芸能社を通して出演した店でさえ、自分を売り込むための〝ルール違反〟が平然と行われていた。世の中綺麗事だけじゃないけれど、一線を越えたら雪崩のように崩れていく。

劇場で仕事がなくなり、キャバレーに流れて来たある踊り子さんが戸惑っていたのを覚えています。最終的に局部を見せてしまう。そうしないと注目を浴びないと思っていたのでしょう。そして今まであったキャバレーのショーのスタイルも、この劇場から流れて来た踊り子さんだけのせいではなく、キャバレーの踊り子さんも仕事がなくなると危惧し、徐々に「もっと見せろ」という要望を飲む人が増えて変わってゆきました。もともとキャバレーはそういうショーのスタイルは下品だから好まれなかったのだけれど、徐々に何も言われなくなってゆきました。

銀座にある大きな老舗のキャバレーでさえ、「ステージで踊るより、客席を裸で練り歩くように」と指示され、六本木にあった暗黒舞踏のグループが経営していたショーパブでさえもラップダンスがメイン。「せっかく芸術家の皆さんなんですから、もう少しヒネリのある見せ方はできなかったのかしらねえ」と嫌みの一つ吐いたところで虚しくなるばかり。とにかくもうこの業界は荒れ放題でした。

しかしながら、不景気で次々に消えていくナイトクラブやキャバレー。数少ない仕事を奪うためにみんな必死だったのだろうと思います。これは当時の日記に書かれていた一節。

もしアタシがストリップ劇場で踊るなら喜んで股を広げましょう。奥の奥まで見せるのがルールなら見せてあげる。でもここはフロアーダンサーの世界。お客さんから見れば同じストリップ。それでも大切なものは守り抜きたい。ガンコ一徹！　裸一貫！

アタシが見て信じていたキャバレーのステージは、もうそこにはなかったの。歴代の踊り子のお姉さんたちがここで踊って磨かれた床。アタシがデビューの頃のお姉さんたちはもういない。

ビッグバンドが奏でるジャズで踊るステージアクト中心の煌びやかなフロアーショーの世界はもうそこにはなく、怒りと寂しさは私を更にガンコにさせました。頑なにバーレスク（＝チラリズム）をやってやろうじゃないの！　見せてあげないよ〜だ。局部を見せちゃったら、せっかく作りあげたショーが全部たかが〝局部〟に持っていかれる。だから見えそうで見えないショーを極めました。お客さんが「もうちょっと、もうちょっと……」と顔を傾けていく。「ア〜見えなかった〜」って笑ってホステスさんと乾杯。なんて微笑ましい光景をもう一度見たかったから。

たまに大阪のキャバレーで踊るともう、抱きつきたくなるくらい嬉しくて愛おしくて、行くたびにキャバレーの緞帳をなでなで。「よくがんばっていてくれてありがとう！」と出番前に感謝したものでした。でも今思えば、この怒りがなかったら日本を飛び出すことはなかったと思います。

世界の舞台へ

インタラクティブ・パフォーミングアーツをやりつつも、私はまったくのアナログ人間でした。マッキントッシュのコマンドキーを、〝お花のマーク〟と呼ぶくらいの機械音痴。そんな私もやっと90年代の終わり頃インターネットに興味を持つようになり、そこで見つけたのがすでにバーレスクをスタートして頭角を現していたディタ・ヴォン・ティース（※250頁）やLAのベルベット・ハンマーなどのバーレスク・グループ。私がやり続けてきたチラリズムに値するものが、〝ネオバーレスク〟という言葉でアメリカで見直され、ブームになり始めていることを知りました。どんなキーワードで検索したのかは覚えてないけれど、たぶん〝匂い〟で探し当てたような気がします。

当時、偶然にも名刺に〝バーレスク〟と入れていた私は、この同じタイミングで海外にバーレスクを見つけ、すぐに「これは絶対に私と繋がる」と確信しました。まったく根拠もなく、どこからくる自信なのかはわからなかったけれど。

今ではバーレスクが世界中に広まり、数えきれないほどダンサーが増えたけど、その頃はウェブサイトでさえ30件もありませんでした。ベルベット・ハンマーやルチャバブーンショーなどのサイトを見つけてはワクワクしながら、何気なく「出たいな、このイベント」って思っていました。海外へは一人で行ったこともなく、ましてやまったく英語も話せないのに、ステージで踊っている自分を想像していました。毎夜ショーの仕事から帰ると朝方まで、辞書とにらめっこしながらアメリカのバーレスク・サイトを読み進めました。私は一人じゃない。そして私にアメリカ行きのチャンスが巡ってきました。

東京のキャバレーやナイトクラブの状況に満足できず、踊る場所を探し求めていたちょうどそんなとき、京都の古い友人でセックスワーカー・アクティビストのBUBUから台湾で開かれるセックスワーカー会議へのお誘いがありました。足を悪くした彼女の代わりに行ってほしいとのこと。今もですがその頃の私は、フェミニズムやアクティビズムにはさらさら興味はなかったけれど、バーレスクもセックス・ワークの一つとしてカテゴライズされているらしく、軽い気持ちで行くことを決めました。日本以外の国の人が私をどう見るのか知りたかったのが一番の理由です。台北へ飛んで行きました。

「COSWAS（日日春關懷互助協會）」は性産業で働く女性の人権を守るＮＰＯ法人。毎年世界各国から性産業に携わるアクティビストを呼んで、大学の講堂やストリートなどで活動している女性が中心の団体です。私も実際に政治家の選挙事務所に乗り込んで訴えたことがあって、実際に台湾での仕事を奪われた娼婦のおばちゃんたちのシビアな現実を目の当たりにしました。

最近まで公娼制が認められていた台湾。仕事を奪われた女性たちが国に対して娼婦の権利を守るため立ち上がったのです。世界各地からセックスワーカーの活動家が集まりました。彼女たちは現役の娼婦やポルノスターであり活動家、そして母でもありました。

元公娼館が本部になっていてそこで食事をするのだけど、元娼婦のおばさんたちが作るご飯がとても美味しいのと、その優しさに胸が熱くなりました。この元公娼館でショーをしたときは学生や文化人、アーティストに混じって年配の男性や日雇い人夫風の人たちで溢れ、ギラギラした目の男たちの熱気が渦巻いていました。

台北市の公娼（こうしょう）制度が２００１年3月28日午前0時に廃止され、日本植民地時代から１００年近い歴史をもつ〝夜の街〟に幕が閉じられました。27日深夜には娼館の前でお別れの儀式。最後の公娼館は10軒、そこで働く女性の数は42人でした。

ここは実際に使われてた公娼館。制度廃止以来使われずに残った赤い部屋。娼婦の悲しみも辛さも喜びも見てきた部屋。ちあきなおみさんの歌う「朝日のあたる家」が聴こえてきそう。その赤い部屋で私はいつも通り楽しくショーをし、その後はゲイの子たちとゲイバーへ出向き一緒に踊る日々でした。なぜかどこの国でもゲイの子たちに慕われ、ファンになってくれるのです。

そういえば、台湾ではお葬式でストリッパーが踊って故人を偲ぶと聞いたことがあります。私もたまたま台北滞在中にヤクザの親分のお葬式に出くわしました。まるでパレードのように街を練り歩くのです。残念ながらストリッパーは台車には乗っておらず、思わず

脫衣補習班 舞孃教舞男

日日春主辦下月開課 邀請日本舞孃指導 傳授「一路脫到底」絕技 讓台灣男人與澳洲猛男別苗頭

2004.7.20.

豁出去了

弱雞大肚腩 也能跳脫衣舞

過來人經驗談 只要有自信 加上眼神 就算斷手 一樣舞功迷人

〔記者鄭學庸／台北報導〕肚皮「中廣」不是距離，五年級生的「資深」不是問題，甚至因為工作傷害而截斷右肢，也不是脫衣上陣、挑逗情慾的難題；誰說男性跳脫衣舞，一定要個個猛男成為「魔鬼筋肉人」？

儘管八月十二日上場，由台北市日日春關懷互助協會開辦的男士組「勞動與身體藝術工作坊」，將是台灣第一個脫衣舞男訓練營，但早在今年初日日春舉辦脫衣舞孃工作坊時，就已有十位男士私下受教於來自澳洲的脫衣舞孃Stacy「一路到底」。

其中，多數為颱風而來的民間社運幹部與義工，儘管身上沒有結塊的胸腹肌，但在三個小時的課程結束後，他們找到了展演身體的自信，也享受了男性帶舞的權力，而這次公開開班，他們都還要繼續報名，再脫一次。

台北市日日春關懷互助協會將於八月十二日舉辦全台灣第一個脫衣舞男工作坊，並將邀請去年曾榮獲「世界豔星小姐」頭銜的日本脫衣舞孃Erochia Bamboo，來台進行名師指導。（圖片來源：日日春關懷互助協會）

《新聞辭典》

burlesque脫衣

台湾の新聞も席巻！

舞后性感訴求 娼嫖都不開罰

「苦瓜雞」促台聯支持修法

日本豔舞天后Erochia Bamboo……性感……不罰的訴求。

春 爭議不斷

【吳慧玲／台北報導】推動修法「不罰娼」的日日春協會昨舉辦「地下豔舞與勞動文化」研討會，並邀請有豐富「性產業消費經驗」的游先生在會中自爆將處男之身獻給茶室小姐，以及看脫衣舞、嫖妓和當牛郎的真實經驗，游先生說：「去嫖應該不犯罪，只要不強暴、不騷擾別人該算是正常。」

為了使訴求讓更多人了解，日日春請來日本豔舞天后Erochia Bamboo表演，穿上黑色性感馬甲和紅色羽毛短裙的Erochia昨天蠢到台聯全代會會場訴求「娼嫖都不罰」，現場大跳豔舞，以吃苦瓜隱射台灣性工作者，因男性多到海外「消費」而變成「苦瓜雞」，並提醒台聯立委支持修法，還要「消費台灣雞」。

……脫衣舞……，在台灣七〇年代歌舞團、八〇年代牛肉場到九〇年代的鋼管女郎，這類盛極一時的勞動休閒卻被打壓，現在已不常見。

五十歲的游先生昨天則在研討會上說出心裡話，游先生說：「……」

「嫖妓是性別歧視」

法令修訂牛步化

【檢鳳君／台北報導】性交易除罪化問題再度引發討論，雖然內政部前部長余政憲今年初曾公開表示，現行《社會秩序維護法》僅罰娼不罰嫖的規定「不合理、不公平」，允諾將朝「性交易除罪化」原則修訂，但至今看不到修法跡象，內政部官員說：「已去函警政署修法，但現在沒什麼反應，進度停在那邊！」

不罰嫖娼權會不滿

為檢討性交易除罪化問題，……

「私が踊る！」と言ってしまうところでした。

「世界売春婦会議」と勝手に私は訳していますが、この会議が世界のいろいろな都市で開かれているのを知り、思わず微笑んでしまいました。開催している本人たちは至って真面目です。世界は広い。ガールズパワー！

台湾でのイベントは数日に亘って開催されました。フェミニストやアクティビストのほか、学生や大学教授、そしてオランダ、オーストラリア、アメリカなど様々な国からもセックスワーカーやパフォーマーが集まり、ショーのほかにもパネルディスカッションやワークショップなどもありました。当時、台湾にはまだバーレスクという台湾語がなかったので大学教授と共に作りました。それは〝脱衣舞嬢〟。そのまんま！

このイベントにサンフランシスコから母親と共に来ていたスカーレット・ハロット。赤毛で50代の彼女は、映像アーティストで売春婦でアクティビスト。なんとお母さん公認の売春婦です。

イベントのないある日、彼女たちにキャバレーの日々をまとめたショートフィルム『ヌードさん日記』を見せました。消え行くキャバレーをどうにか残しておきたいという思いから、私が勝手に撮りためていた写真と映像で綴った短編です。それを見たスカーレットが、彼女の主催するサンフランシスコでの「セックスワーカー・フィルム＆ビデオ・フェスティバル2001」で上映してほしいとその場で言ってきたのです。もちろん後先考えずすぐに返事をしました。オーケー！

2001年5月、アメリカに乗り込みました。私にとって初めてのアメリカ。『ヌードさん日記』の上映だけでなく、現地でショーもすることになりました。「どうせ行くなら早めに行っちゃえ！」と本番より1ヶ月近く前にサンフランシスコへ。果たして私のショーは、金髪グラマーの国アメリカでどう受け止められるのでありましょうか？

英語はまったく話せなかったけれど、「行けばまあどうにかなるわ！」という父親譲りの誰にも負けないノーテンキさとワクワクする好奇心で出発したものの、慣れない旅で乗り継ぎ便を逃すという失敗。冷や汗をかきながら、「私の飛行機飛んじゃった〜！」とイミグレーションのオフィサーに訴えるも「大丈夫、飛行機ならいっぱい飛んでいるよ！」

スカーレット（左）と母のオーガスタ（右）

と満面の笑顔で返答され拍子抜け。このおおらかさは大陸だから？　アメリカよ。なんだか気持ちが楽になりました。リラーックス。言葉は通じなくても同じ人間同士。やっぱりどうにかなるもの。携帯電話がない時代。電話をかけようにもアメリカのカード電話のかけ方がわからず、途方に暮れているとご婦人が助けてくださり、どうにかスカーレットに連絡がついて、冷や冷やしながらの珍道中が始まりました。今ではこの焦っていた自分が懐かしくもあります。

サンフランシスコ空港のバゲージクレイムで待っていてくれたスカーレット。彼女の温かさ、優しさと可愛らしさは10歳以上歳が離れているにもかかわらず、まるで昔からの知り合いのような不思議な感じがしました。初めて親しくなったアメリカ人が彼女で本当に良かった。単純な私の中のアメリカのイメージはとても良いものとなりました。

『地球の歩き方』によると、ここは危険地域のシビックセンター付近のテンダーロイン地区。そのエリアにあるトイレ・シャワー共同の安ホテルに滞在しました。危険とはいえ移動に便利なマーケットストリートにあるし、本当に危ないかなんて自分で実感しないと信じられない。その危険な匂いは旅の醍醐味でもあります。そんな危険地域にある安ホテル。でも私には十分美しく思えた。「スウィングジャズが流れるエレベーターは20年代から使われているものだよ」とフロントのおじさんに言われ、「まあ、素敵！」と目をキラキラさせてその時代を想像するのでした。

ホテルの隣はストリップ劇場で、五階の私の部屋から見下ろすと、ちょうど劇場の裏口が見えます。大きなスイカを二つくっつけたようなオッパイのダンサーがバウンサー（入口に立っているいかついドアマン）の男にチップを手渡したり、出番の合間に煙草をふかしている姿が見えました。少し離れた向かいのビルの窓には、ボロボロのカーテンがかかっていて、二段ベッドにアジア系の男たちが昼寝しているのが透けて見えました。別の方向ではイスラム教徒が夕方になると集まってきて床に頭をつけて、繰り返しお祈りを捧げていたりと、いろいろなドラマが日常に展開されていて毎日が楽しく、高級ホテルからは決して見ることのできない貴重な景観でした。なんて贅沢。だから旅行書の「ここは危険だから立ち入るな」は信用できないの。

ホームレスにジャンキー、果たしてこれを危険と言うのでしょうか？　ファンキーだけど害はなく映画のワンシーンのようでした。言葉がわからない分、勘が働くから本当に危ない匂いは自然と嗅ぎ分けることができたのです。だいたいセックスワーカーが〝危険〟なんて気にしていたら仕事になりません（笑）。

イベントまでの約1ヶ月は、スカーレットのスタジオに行ってフィルムの編集を手伝ったり、手作りフライヤーをコピーしてサンフランシスコの街中に貼り廻ったりしていました。おかげで街の地理やストリートごとの魅力を知ることができて一石二鳥。ゲイタウンにあるポルノショップでは、お兄さんに声をかけられました。

SEX WORKER SINEMA AWARDS

8 PM Friday, May 25

with
Annie Sprinkle,
Scarlot Halot and
Dr. Carol Queen

Best SF XXX Clips!

The San Francisco Sex Worker Film and Video Festival and Good Vibrations are co-sponsoring the Sex Worker Sinema Awards to recognize those who have contributed to new directions in sexual expression and representation, developing genres including sex from women's perspective, queer and tranny art porn, home video porn and more. We would also like to recognize those who have contributed to all genres in sex worker sinema from documentary to experimental to narrative, using imagination and courage as they portray sex workers, or deliver work that is informed by their own experiences on the sexual frontiers.

co-sponsored by GOOD VIBRATIONS

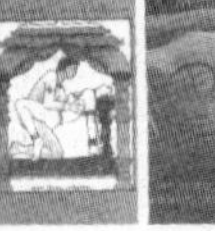
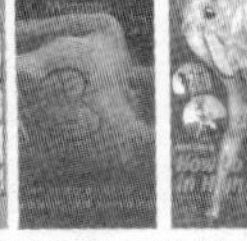

10 PM Friday, May 25

JESUS AND SEX... TOGETHER AT LAST!

ANGEL'S LADIES

Director/Producer Doug Lindeman
Co-director Ken Roht

According to Mack Moore and Angel, former funeral entrepreneurs, now owners of a Nevada brothel, "There are a lot of similarities between running a funeral home and running a brothel. You have customers in each, you have employees in each. Most importantly, we can continue to do what we love best: Service human needs." The girls who work there see Mack and Angel's "heaven on earth" a little bit differently. "Undertaking and prostitution?" muse hookers Unda and Kev. ""They're still in the meat business. One is cold, one is hot." (Video-72 min.-2000)

Whore's Diary: Pornography made by me & my client

BuBu de la Madeleine

Editing support by Ziku NAKAMURA
concertina performed by Ayano YAMAMOTO;
Translation by Yoshiko SHIMADA

"M is my client." explains Bubu in this poetic veritae short documenting her relationship with a client in Japan. "Today, I decided to make a pornographic video with him. If you just wait doing nothing, still winter will turn to spring. But I can't just sit and wait. I start to walk forward." (Video-21 min.-2000)

MIDNIGHT SHOW W/ LIVE PERFORMANCES

Midnight Friday, May 25

Portland's Danzine & Sex by Sex Workers Festival

Not Even Ashamed Queen Ruth E.

Queen Ruth E. is a dancer writer, musician. Here she has ...nbled 15 interwoven portraits of exotic dancers in Portland. Details about strip... attitudes, dreams, work and private lives featuring Michelle. Tristen, Mara, Ares, ...a, Kennedy, Tina, Cabaret, Vanity, Traci. Rain, Brandy, Kitty, Quincy, Raven and ...d. Portland Music Soundtrack: Betty Already, Diegrinder, Village Idiot, Headscope, ...'s Pilgrims and The Licks. (Video-45 min.-2000)

¡Feliz Navidad Muthafucka

Co-Producer, writer Teresa Dulce
Director, Co-Producer Roman Gunther

In the spirit of self-ploytation this video may remind you of those bad movies that got good with beer and popcorn. (Video-7 min.-2001)

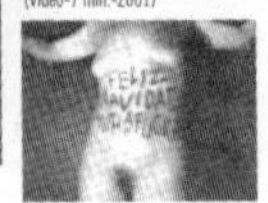

from **Bare-Bottom Spanking and Salvation**

Director Ernest Truely

The story of this man's ministry in the early 90's in Portland. (Video-2000)

12 Noon Saturday, May 26

...n't ...ss it!

BAD GIRL

...en & Produced by John
...dward & Tammy Stones
...ted by John Woodward
...ing Tammy Stones

Filmmakers in person!

..."All's fair in love and film financing in *BAD GIRL*."

...eeds money and she'll do ANYTHING to get it! An actress ... exotic dancer. Terri uses her seductive powers in a daring ...e to fund her movie. Tantalizing the wealthy patrons of a ...dance club, Terri evokes passion with every scandalous ...of her supple body. But when Terri and her friends hustle a ...er and steal his briefcase, they discover the cash has been ...ed by a pair of snakes. Together these desperate vixens ...k on a dangerous and hilarious adventure into a world of ...ping, extortion and hair restoration. (35mm-86 min.-1998)

plus

Miss Erochica's Burlesque Photo Diary

by Erochica

This photojournal captures Miss Erochica's yearning for the nostalgic, romantic world of burlesque. This video was recenty screened in Taiwan during the exhibition in honor of the licensed prostitutes. Erochica is an illustrator, dancer and sex worker rights activist. She will be attending the festival and performing at the closing party on Sunday night! (Video-7 min-2000)

「ハイ、ハニ〜！ 何か御用かしら？」

ハ、ハニ〜!? 挨拶代わりの言葉であるのはわかってはいたけれど、ハニーという甘い響きにウキウキ！ みんなが親切なのと私のノーテンキのせいで、ほとんど嫌な思いをすることはありませんでした。それでも中にはフライヤーにセックスワーカーという文字があるからか、私がアジア人だからか、怪訝な顔をして「出て行け！」と声をあげる黒人青年もいました。

イタリア人が多く住む地域では娼婦と間違われ、背の低いイタリア男に付き纏われました。「君と僕はサイズがぴったり」と笑顔で根気よくついてくる彼はポルノ映画の監督だと言っていました。私のお尻を見ながら愛の言葉を囁き、「セックスしたい」と呟きながら諦めずについてくるので、面白くなって放っておきました。最後はチャイニーズレストランでご飯をご馳走になりながら、「俺のイチモツをパンツの上から握って」とヌードルをすすりながらお願いされたけれど、このとき（すでに30歳は超えていたものの）まだ奥手だったので、彼のそれをむんずと掴んで「仏教徒だから無理！」というアホな理由で切り抜けました。

この国の日本にはない明るさと、スカーレットの人柄の良さ、サンフランシスコの街の魅力にどんどん惹き込まれていくのでした。

危険地域のホテルの朝も上階は清々しい。窓を開ければストリップ劇場の音楽が流れてくる。そして人々の叫ぶ声。スーパーの前には相変わらず太って動けそうにもないホームレスと、仕事もなくうろちょろしている人たち。朝食は隣のスーパーで売っているタブリサラダとパン。ホテルのラウンジのモーニングコーヒーは香りのないただの茶色の液体。でもそんなホテルでも内装は悪くないし、勝手にフラッパーガールやボギーがいた時代を想像して楽しんでいました。泊まり客はほとんど見かけなかったので、共同のシャワールームへはタオルを体に巻いたまま廊下を歩いても誰にも見つからなかったの！

なんたってアメリカで初めてショーをすることで体中ウキウキ！　ボロいホテルもクソ不味いコーヒーも街の喧騒も小鳥の囀りも青空も、すべてがバラ色に見えたのでした。イベント当日までビデオ制作をしたり、参加者へ贈る手作りのトロフィーをスタッフと作ったり、ラジオ出演したりと大忙しでした。わざわざ極東からやって来た私に興味を持ったラジオ局の取材では、どうやって片言英語でインタビューに答えていたのか今も謎です。

トロフィーは街角に立っていたフッカー（売春婦）が履いていたハイヒールを再利用。中古のハイヒールにボンドでラインストーンや羽根、グリッターで装飾を施しました。ここに集まっているスタッフはやはり若い学生や、ＬＧＢＴアクティビスト、セックスワーカー、アーティストたち。和気藹々とそれぞれのハイヒールに工夫を凝らしラブリーなハイヒールトロフィーがどんどん仕上がっていきました。

「娼婦にはハイヒールが必需品だし、トロフィーにぴったりでしょ⁉」

スカーレットはニコニコしながら私にそう語りかけました。

何かがいつも起こり忙しく、いわゆる観光どころじゃなく、というより観光にはまったく興味がありませんでした。スマートフォンがない時代、さて今日はどこへ？　ベッドに地図を広げ街角を想像します。そこにはうらぶれたストリートもあれば、高級な車が並ぶ住宅地にヒッピームーブメントやビートニク発祥の地もあり、どこへでも自然と入り込んで行きました。

たまたまスーパーで買い物中に困っていた片手のない男性を助けたことから、家に招待されたこともあります。そこは低所得層の住むエリア。ぶらつきの黒人が片手のないこの男性に「豚野郎！」と罵声を浴びせているのを見た私は、怒りで「ファッキュー！」とその黒人を怒鳴りつけました。

興味本位でお邪魔してみたこの男性の家は、ゴミ屋敷。アメリカの裏を見てしまった。彼はまだよく知らない私に求愛。たぶん彼のたった一つの花瓶に挿した花束を、花瓶ごと劇場に持って来て私に差し出しました。少し困ったものの、そこは優しいセックスワーカーの仲間たち。私の代わりに優しく彼を相手してくれました。寂しい男たちはみんなセックスワーカーの愛に癒されるといいわ。巨大なレインボーフラッグのはためく街に世界中からセックスワーカーアクティビストが大集合したのでした。

会場はサンフランシスコのミッションエリアにある歴史的な映画館ロキシーシアター。劇場横の事務所のドアをノックすると、まるで70年代の映画に出てきそうな髭面にくわえ煙草、メガネにジーンズといったいかにもビートニク風の男性がドアを開けてくれました。いや〜ん、とってもサンフランシスコ！　また勝手にハッピーになりました。少し埃臭い部屋には、古い映画のポスターやリールが無造作に置かれ、灰皿にはシケモク。その一角に自分のメイクするスペースを作りました。

スカーレットは朝からマスコミの対応に追われ、赤い髪を振り乱しながら忙しそうに行ったり来たり。それでも笑顔で次々とこなしていました。

売春婦だけどアーティスト、SM嬢だけど映画監督、学生だけどセックスワーカーの人権に興味のある若者が提供側なら、お客さんは文化人、芸術家、普通のご夫婦、大学生、セックスワーカーの顧客や友人たち、ドラァグクイーンなどで、映画館の入り口には長い列ができました。

この日のテレビ番組で、舞台挨拶のときに「I love you!」と言った私が放映されたのですが、リポーターのおじさんから「愛にもいろいろあるけれど、あなたのいう愛はどんな愛？」って聞かれ、「おじさん、どんな愛も何も、愛は愛。一つしかないっしょ！」と日本語で堂々と答えたのでした。

「アジアンウィーク」紙には、他のフィルムとまったく違う私の作品について書かれ、ここでも「I love you!」について触れられました。だいたい唯一自信のある英語は「I love you!」。それしかなかったのだ！　その新聞には〝日本から来たバーレスク・パフォーマー、ロマンチックでエレガント云々……〟確かそんなようなことが書いてあったっけ。

会場には、あの有名なアニー・スプリンクルが現れました。スカーレットと長年の親友でもある彼女に会えてドキドキ。柔らかい肌質の彼女はピンクのオーラに包まれ、母のような女神のような、思わず彼女の大きなボインに顔を埋めたくなるほど！　ポルノスターでアーティストでアクティビストで、そのうえ大学教授のアニー。これって日本では考えられないことですね！


いよいよショータイム。どうせスイカ級のデカおっぱいでブロンド白人しか受けないのだから、まあいいやね～。踊ってみよ～。こうなると諦めの早い私はリラックス。その場を楽しむことが最優先。思いきりショーを楽しみました。古い映画のスクリーンの前で踊る私の後ろに、踊ってる私が映し出される。大きい私と共に踊る。「ハーレム・ノクターン」にデビッドローズの「ザ・ストリッパー」という名曲。いかにもストリップティーズな選曲で踊ったのでした。

ショーが終わると、意外にもスタンディングオベーションを受け、「あれ？　いいの？本当に？　ありがとう。テヘヘ」そんな感想。まあビギナーズラックだわね。日本人だしきっと珍しかったのだと思います。その頃はまだバーレスクという言葉がポピュラーではなく〝セックスワーカーズ・パフォーマンス・アートショー〟という長ったらしい肩書きで紹介されたのでした。

セックスワーカー大集合！

サンフランシスコでデビューして自信をつけた私は、海外で活動することにますます興味を持ちました。日本の地方のキャバレーやクラブ、またはクラブイベントでのショーから少し外へ出てみたいという欲望がますます強まりました。これは行くっきゃない。でもどうしたらまた海外へ出て行けるのだろう？　まったくわかりませんでした。

サンフランシスコから帰ったその年の9月、ワールドドレードセンターが崩壊しました。日本でも平和運動が活発になり、ピースウォークが日本各地で行われていました。それは中東いじめをするアメリカに対してのデモンストレーション。私も友人たちと参加したものの、この運動に疑問が湧いてきました。反対ばかり叫んで対立していても世の中は平和になんてならない。

そんなときスカーレットから彼女の友人がアリゾナで「セックスワーカー・フィルム＆

ビデオ・フェスティバル」を11月に開催するので、参加しないかとオファーが来ました。「こんな時期にアメリカへ行くなんてどうかしてる」とか「あんな悪の国へ行くのは間違っている」など、友人のアクティビストや芸術家面した奴らは私を批判してきました。でも私は呼ばれた。〝悪の国〟でも〝テロリストの国〟でも踊りに行きましょう。だって呼ばれたのだから、断る理由は何一つない。

ちょうどドルが下がり、アメリカ行きの飛行機のチケットは大安売り。ハイジャックされたばかりのこんな時期に、飛行機に乗りたい人はほとんどいなくて貸し切り状態。とてもラッキーでした。私はアリゾナのツーソンへ向けて旅立ちました。さあアメリカでのセカンドチャンス。踊らせてくれることに感謝です。

ツーソンは11月なのに真夏並みの暑さ。古くて素敵なデザインのホテル・コングレスは若い人たちが経営しているようで、クラブでは夜遅くまでDJが入りパーティーが開かれていました。レストランもモダンで従業員のフレンドリーな対応がとても良く、楽しい滞在になりました。それでも初日は散歩をする間もなく、会場のシアターへ直行しました。

サンフランシスコでも上映した私の短編作品『ヌードさん日記』の上映。このシアターのエントランスには私が日本で撮りためたキャバレーの写真や、楽屋でのセルフポートレートを展示しました。展示にはスプレー糊を使用するのに、この田舎町には画材屋がありません。スタッフにお願いし、隣町まで行って手に入れてもらいました。この当時両面テープでさえ、英語でなんて言うのかわからず、辞書とジェスチャーであーでもないこーでもない、正解したらピンポーン！　こんな、デタラメでお気楽なコミュニケーションでもどうにかなるもので、どうにかオープンまでに間に合いました。

このイベントのオーガナイザーは、まだ30代のサラ・ジェシカ・パーカー似のテンガロンハットがすごく似合うシングルマザー。スカーレットと同じく大学出の彼女も娼婦でアーティスト。彼女に誘われシアターの近くにあるバーで最高に美味しいホットドッグを頬張りビールで流し込みながら、彼女の横顔を見つめていました。アリゾナの乾いた風にテンガロンハットから覗く髪が揺れていました。潔く、寂しげ、強い意思の見える女っぷり。「いい女とは彼女のためにある言葉だわ」と同年代の彼女に心から賛辞を送りました。

スカーレットもサンフランシスコから到着し、全米中からセックスワーカーアクティビストが大集合。こんなカルチャーが世の中にはあるのだなと、改めて感心しました。ここでも台湾やサンフランシスコと同じく、みんな温かいのです。

映画は有名なサンフランシスコのストリップ・ジョイント（劇場）のドキュメンタリーや詩的で叙情的な映画、レズビアンのポルノまで幅広く上映されました。裸がほとんど出てこないのは私の作品だけでしたけれど。

夜はみんなでメキシカンレストランへ。冷えたマルガリータを飲みながら各地のセックスワーカーに対する人権の話や状況などを語り合いました。「日本の状況はどうか?」と聞かれたところで、「実はまったくアクティビズムに興味がない」とも言えず、英語もできなかったので、正直に「楽しく踊ってます!」と答えました。ノーテンキな私にみんなは、「なるほど～」とニコニコ。和気藹々と交流会は過ぎてゆきました。なんだかよくわからないけれど、こんな感じで私はアメリカに受け入れられていきました。

日本の性風俗はアメリカよりも安全でオープンなのは確か。ミニスカート履いていても「いくら?」って聞かれないし、アメリカに比べたら風俗嬢がお客さんに暴力を受けることも少ない。あからさまな貧富差別も人種差別もないでしょう。電車の吊り広告に胸を強調したビキニの女性がいるくらいですから。

子供の頃は、性産業に就く女性はいかがわしく心の荒んだ人たちの仕事だと思っていて、つい最近まで精液っていうものを恐れ毛嫌いしていたはずなのに、私はその道を貫いている彼らを尊敬し、まったくの思い込みだったことに気づかされ、自分もそのジャンルで仕事してきたということに、誇りを感じるのでした。

サンフランシスコで自信をつけたからここも大丈夫に決まってると思っていました。しかし、しっかり数人からブーイングを受けました。お尻に大きく「NO WAR!」と書いたから? または単に私のショーが嫌いだった?

ショーの後、楽屋として使っていたトイレまで「あなたは素晴らしかったわ! 良かったのよ！」と心配して言いに来てくれる人たちもいました。でもこのくらいのことは日本のキャバレーで鍛えられているので、そういう反応もあっても当たり前。楽屋まで私に文句を言いに来た人もいました。たぶんブーイングをした一人だと思うけれど、連れ出されてしまって少し残念でした。彼女が何を言いたかったのか、知りたかったし会話したかった。周りのみんなに聞いても、「気にしないで」と言うだけ。これだけは英語が理解できないアンラッキーな点でした。

翌日、ツーソンを後にすると、ラスベガスへ向けスカーレットと長いドライブへ。西部劇でよく見る乾いたサボテン山を越えると、急に空気が冷たくなり緑の深い道路を直進して行きました。いつの間にか英語も徐々に聞き取れるようになっていました。スカーレットは私よりも10歳以上年上なのに、まるで長年の友人のように私と向き合ってくれる。私の『ヌードさん日記』をとても気に入ってくれて、それを見て以来ことあるごとに「チカ、これはどう思う?」といろいろな場面で私に意見を聞いてきました。「チカはアーティストだから意見が聞きたい」と。アーティストのつもりは更々ないのですが、彼女にとっては私はアーティストでありました。

普段はおっとりの彼女もステージに上がるとパワフルなパフォーマーです。大きい体に真っ赤な髪、ハート型のピンクのメガネ。星条旗の衣装を纏って歌うのです。時にギターも奏でる姿は天晴れでした。セックスワーカーという言葉を産んだのは実は彼女です。

やがて背の高い緑の木々の間から突然現れたのは真っ赤な岩山。この赤い山肌の出現と共に空気もガラッと変わりました。

「チカ、ちょっとセドナに寄っていこう」

スカーレットはヘイトアシュベリーの筋金入りの元ヒッピーでもあり、せっかくだからこのスピリチュアルで有名な赤い岩山でランチをとることにしました。いとこから「一度は訪れるべきだよ」と言われてたセドナ。澄み渡る青空と空気の清らかさに私たちは、昨日までのクレイジネスから解放されてゆきました。

何時間ドライブしたのか見当もつきませんが、いつの間にか周りは漆黒の闇に覆われ、私たちはベガスを目指しました。神聖なる赤い岩山の次は、宝石箱をひっくり返したような眩い光の粒が黒い平原一面に現れました。ラスベガスです。

この頃、州の境界線は警察が封鎖していて一台

著者（左）とスカーレット（右）

一台車をチェックしていました。この国でつい2ヶ月前にテロがあったばかりだということを忘れていました。スカーレットは私の英和辞書をダッシュボードに置きました。「チカは留学生。私はあなたのホストファミリーということにしましょう」と言いながら、彼女はマリファナのパケをミラーの裏に隠しました。少し緊張しながらも笑顔で通り抜け、ネバダ州に入ることができました。このときはまさか自分がベガスでショーをするなんて、そのうえこの街で結婚するなんて思ってもいませんでした。

映画で見覚えのあるラスベガス大通りをゆっくり進みながら、私はビデオを回しました。日本語で静かに憤りを語りながら。このギラギラしたハリボテの街に溢れかえる電飾やスロットマシーンの音に私は少し寂しさを覚え、そして腹立たしかったのです。地球の裏側ではこの国が戦争を起こしたせいで飢えた人々や子供がいるのに、ここの人はまったくお構いなし。車の窓からついた私の溜息の意味をスカーレットは察知したようで、本当に申し訳なさそうに私の顔を見るのでした。私も申し訳なく思い、私の心も納得するように、こう思うようにしました。この街へ来る人々は正直なのだ。堂々とお金が欲しいと求め一攫千金を狙って世界中からやってくる。どこが悪いの？　スカーレットやこれまで出会った人は皆、素晴らしく真面目に生きているじゃない。

贅沢なだだっ広いホテルのベッドに横たわると海の底へ落ちていくように体が沈んでゆきました。私はアメリカにいる。

バーレスク・ダンサーの聖地へ

「エキゾチック・ワールドへ行こう」と誘ってくれたスカーレット。それが一体なんなのか、一体彼女は何を言っているのか理解ができませんでした。出国前にサイトを覗いてみると、どうやらそれは〝バーレスク博物館〟だということがわかりました。

ベガスから車で3時間。ネバダを超えてカリフォルニアへ。この国では長距離移動が当たり前なのだと旅をしながら気づき、このドライブの旅にも慣れてきました。スカーレットが助手席の私に「眠っても良いよ」と言ってくれたけれども、その瞬間瞬間が消えてしまわないようにしっかり頭に焼き付けました。地平線を切るように荒野のど真ん中をまっすぐ突き抜けるフリーウェイをただひたすら走り続けて行きました。

青い空がどこまでも高く広く埃まじりの向かい風を浴びながら、ネイティブアメリカンが走り抜けた荒野は今も変わらずそこにある、な～んて遠い目をして気取りながら、薄い味気のないコーヒーをすするのでした。このときの私には埃風でさえシャワーのように気分が良かったのです。途中、ダイナーで食事をしました。高級レストランよりも私はこの庶民的なダイナーが好きでした。

「え～、ウエイトレスはみんなミニスカートでローラースケートを履いたブロンドのグラマーなお姉ちゃんかと思ったのに！」

「ははは！　それは映画の中だけよ」

太ったメキシコ系のおじさんやお姉さん、特大サイズのダイナーのロゴ入りTシャツを着て体型に似合わずテキパキ働く姿は微笑ましい！

オールドルート66に入ると車の数はどっと減りました。道路の真ん中に大きく〝ルート66〟とまるでハンコで押したように書かれていました。ハーレーのバイカーたちが通り過ぎて、思わず「かっこいい～」と手を振りました。ハーレー野郎たちは私にウィンクをして通り過ぎて行きました。

運転するスカーレットの横で地図を広げ、エキゾチック・ワールドを探します。「ミュージアムよね、この辺かしら。ワイルドロード、ワイルドロード……『ワイルドロード』という道はどこ⁉　どの道もワイルドロードじゃない！」ここまでくると英語で少し冗談なんかも言えるようになっていた自分にびっくり！

ビルもなく高い木も、ましてや民家もほとんど見えない平原。あの映画『バグダッドカフェ』のロケ地はまさしくこの荒野。埃立つ荒野にそれは突然ど～んと出現しました。鉄で作られたゲートに〝EXOTIC WORLD MUSEUM〟と表示され石膏でできた白いライオンがポツリと座っていました。

「こ、こ、これ～？　わお～……」

なんというか、ミュージアムを勝手にイメージしてたから、その裏切られ方に感動し、嬉しくもあり、まさしく「やられた〜っ」と、思わず二人で顔を見合わせ笑うしかありませんでした。この旅でスカーレットも私もビデオを回していたので、そのときの様子がしっかり映っています。さて、ミュージアムはどこ？

このゲートから更に続く道を車で入って行くと民家が見えてきました。家の白い壁には数々の星の形をした板が貼ってあり、その真ん中には歴代のバーレスク・ダンサーの名前が書かれています。ハリウッド通りのスターたちのゴールドの星形を真似たその星々は手作り。ピンクや黄色に塗られグリッター付きでした。なんとも微笑ましい。

右手には落ち葉が浮いているプールがありました。このプールサイドで年に一回バーレスクのコンテストが開かれて、人々が楽しそうに過ごしている

のどかな写真をウェブサイトで見て覚えていましたが、今は風が吹き抜けるだけ。すっかり寂しく見えました。

「ハロー、こんにちは！」

誰も出て来ません。今日行くって連絡したのだけどなあ。二人で暗い建物の中を覗いてみました。ワオ……そこには壁に一面ぎっしりとバーレスク・ダンサーの写真が額装されて掛けられています。暗くてよく見えないはずなのにキラキラして見えました。もう早く中へ入りたくて仕方がありません。一体館長はどこへ行ってしまったのだろう。

そこへどこからか、毛玉がついたセーターにキャップを被り大きな眼鏡をした初老の男性が現れました。男性の名はチャーリー。昔はラスベガスで活躍した歌手でした。彼はこのミュージアムの創設者で１９５０年代から大活躍したバーレスク・スターの故ジェニー・リー（※２４８頁）の旦那さんでした。彼の歌手当時の写真もしっかり飾ってありました。その頃のチャーリーはとても凛々しくて、写真のポーズも決まっていてかっこいい！

彼はジェニー・リーをすごく愛していました。元牧場をジェニーとチャーリーが買い取りバーレスク・ミュージアムにしたのです。ジェニーが亡くなった後もこの手作りミュージアムをジェニーの親友でありバーレスク・スターのディクシー・エヴァンス（※２４８頁）と守っているのでした。

のちに「彼は頑固で気難しい人なんだよ」と言われたのだけれど、このときの出会いから彼が亡くなるまで私は少しも彼が偏屈だなんて感じたことはありませんでした。なんだか気難しいとか、変わっていると言われる人には、私の父親の面影が見えてしまうからかしら。私がここを訪れるたびにチャーリーはいつも静かに「よく来たね」とか「君の写真も額装したんだよ」なんて話しかけてくれました。

「今ディクシーは街に出てるけれど、じきに帰ってくるよ。私が案内しましょう」

古くガタついたガラス戸を開けて、私たちはチャーリーに続いて中へ入りました。チャーリーは、写真や衣装、小道具など一つ一つを丁寧に子供を見るような眼差しで説明してくれました。砂埃で薄汚れているのに私にはキラキラして眩し過ぎました。こんなに沢山の宝物の詰まった荒野のお城に導かれてしまった。

「これは、あのジプシー・ローズ・リー（※248頁）が使っていた譜面だよ。息子とあまりうまく行ってなかったらしい」

「これはサリー・ランド(※248頁)が使っていた羽根の扇。もう相当古くなったけどね」

「これはテンペスト・ストーム（※249頁）の使ったGストリングス（バタフライ）。豪華だろう？　彼女のウエストサイズは80歳近くなった今でも同じサイズだよ」

ダンサーの写真に混じって、ギリシャ神話に出てくる神のような絵がポツンと置いてありました。

「これはバーレスクの父と呼ばれた人の肖像画だよ」

各部屋にはポスターや写真のほか、衣装、ダンスシューズ、ペイスティ（乳首の先につけるもの）、ヘッド・ドレス、小道具などが所狭しと展示されています。どうやったらこのすべてを記憶しておけるのでしょう。ここに来なければわからない特別なモノたち、それはただ単にモノというだけではなく、それぞれの時代に生き、その空気や喝采を覚えているモノたちは、ひっそりとこのモハベ砂漠で待っていたのです。

「これはマリリン・モンローの衣装だよ。ディクシーはバーレスク界のモンローって言われたからね。ここはモンローの部屋」

驚くことに今や値段が付けられないほど貴重なマリリン・モンローのドレスがそのまま展示されていました。この元ヤギ牧場の簡単に開いてしまう家屋の扉の向こうに、まさかモンローの本物のドレスがあるだなんて誰も信じなかったでしょう。少し埃をかぶったモンローのドレスにそっと触れてみました。モンローは小柄でこんなに細かったのね。

同じく60年代にセックスシンボルだった女優のジェイン・マンスフィールドの部屋もありました。彼女のピンク好きは有名で、バスルームからベッドから壁の色まで全部ピンク。ここには彼女のドレスや羽飾りのほか、ハート型のカウチがありました。そのピンクのカウチに座らせてもらいました。ここにはバーレスク・ダンサーのほか、バーレスクに縁のある女優、ピンナップガール、コメディアンやボードビリアンの展示部屋もありました。

チャーリーは少し自慢げに「ほとんど私が作ったんだよ」と言いながら壊れそうな額縁

を手に取って埃を拭い、「直さないとね」と言って大事そうにまた壁に掛け直しました。

エキゾチック・ワールド。砂漠の真ん中のお城。なぜここに作ったの？　この砂漠の真ん中のミュージアムに座って砂混じりの風が窓の隙間で静かにうなるのを聞きながら思いました。もともとここはバーレスク・ダンサーのジェニー・リーと彼女の旦那さんのチャーリーが買ったヤギ牧場。１９８１年にここに引っ越して来たのは彼女が乳がんを患ったから。そして通称〃エキゾチック・ワールド〃と呼ばれる「The Exotic World Burlesque Museum and Striptease Hall of Fame（エキゾチック・ワールド・バーレスク殿堂博物館）」を立ち上げました。

ジェニー・リーはバーレスク・スターで、雑誌のカバーガールなどピンナップモデルとしても活躍していました。彼女は〃バズーン・ガール〃と呼ばれ、豊満なバストで、見事なタッセル回し（ペイスティについている飾りのタッセルを回す技）で、お客にめまいを起こさせる(笑)というバーレスクの歴史上に輝くダンサー。かのジャン&ディーンも「ジェニー・リー」という曲を作りヒットさせたのでした。引退した後も、ストリッパーやバーレスク・ダンサーのための組合を立ち上げ、ダンサーの地位向上やバーレスク、ストリップ業界のために活動しました。ちなみに〃オッパイ爆弾〃と日本語訳したのは雑誌「スペクテイター」のライターだった釣ちゃん（釣巻秀嗣氏）。素晴らしい！

ジェニー・リーが乳がんで１９９０年にこの世を去った後、彼女の思いを旦那さんのチヤーリー・アロヨがダンサー仲間のディクシー・エヴァンスと共に引き継ぎ、このミュージアムを守っていました。一世風靡した年老いたダンサーたちもたまに働いたり、トレーラーハウスに住んだりしていました。そして1995年より年に一回全米中のバーレスク・ダンサーがこの牧場に集まり、交流会を開いていました。

やっとたどり着いたエキゾチック・ワールド。肝心のディクシーがまだ町から戻って来ません。ステージのある大広間で歴代のダンサーたちのビデオを見終わると、「そろそろ行きましょう。暗くなってベガスまで運転するのは、気が乗らないわ」とスカーレット。このとき初めて、私はスカーレットにお願いしました。
「もう少しだけ。ディクシーを待ちたいの」

しかしながら運転する彼女に我儘は言えないと思い諦めて帰ろうとしたとき、ドアが開きました。その途端、私の目からは涙がポロポロこぼれ落ちました。ドアの向こうから差し込む西日が強過ぎて彼女の姿が見えなかったのは、その太陽の光のせいだけではなく、止めどなく溢れ出る私の涙のせいでもありました。

日本で失われつつあるバーレスクやキャバレー、それまで感じていたショーへの憤りや、一人で勝手に頑なに守ってきたチラリズム、ストリップティーズに対する思いが溢れ出し、ここまで口を一文字にぎゅっと結んでいたのが解けてしまい、涙と共に声に出ない想いが流れ出しました。この人が、この人たちが、こんな遥か彼方の荒野のど真ん中で守っていてくれたのだと思うと、涙が溢れ出て止まらなかったのです。英語ではうまく言えなかったけれど、「こんなに沢山のお宝のお城を、バーレスクのチラリズムを守り続けてくれてありがとう」と、鼻水をすすりながら一生懸命伝えました。ディクシーは優しい眼差しでこう言ってくれました。

「ダーリン、クリネックスを持って来てあげましょうか?」

ブロンドだった彼女の髪は銀色に変わったものの、艶やかな赤い口紅が元踊り子らしく凛としていて、シワが刻まれた細い指先にその優しさと強さを見ました。私が進んできた道は間違っていないと改めて確信したのでした。

スカーレットは目的のインタビューのため、フィルムを回し続けました。私はもう英語がわからないとか、日本だろうが海外だろうが関係なく、このミュージアムに来れて彼女に会えただけで感謝の気持ちでいっぱいでした。そして年一回開かれるバーレスク・ダンサーたちの祭典「エキゾチック・ワールド・バーレスク・ホール・オブ・フェイム・ウィークエンド」でコンテストが開かれていることを知りました。ディクシーに尋ねました。

「私も参加していいの?」

「もちろんよ、ハニー。ぜひ参加してね」

そしてまた戻ってくることを誓いました。外はすでに暗闇で星しか見えないワイルドロードを、ディクシーたちに荒野の途中まで先導してもらい、ベガスへと戻りました。

世界から叩かれているアメリカ。でも流行りとは関係なく根付いたカルチャーだって大切にされている国なんだ。世界はまだまだ広くて未知。確かなのは、これで次にアメリカに来る切符を手に入れたこと。それはまだ見ぬ未来への大きな希望となりました。

サンフランシスコで逢いましょう

ディクシーと再会の約束をした翌年の2002年は、残念ながらエキゾチック・ワールドへは行くことができませんでした。車がなければ絶対にたどり着けないし、アメリカの唯一の友人スカーレットもこの年は忙しくて時間を作ることができませんでした。

この年は相変わらず日本各地のキャバレーやナイトクラブでショーを楽しみ、代官山にできたばかりのドラァグクイーンのママのいるアマランスラウンジでショーをして日本の夜を楽しみました。このアマランスラウンジは、バーレスクではなくドラァグクイーンのショーがレギュラーで入っていましたが、出演予定だったクイーンがドタキャン。急遽私が呼ばれ、初めてバーレスクをこのお店で披露しました。そこからアマランスラウンジでバーレスク・ナイトがレギュラーイベントになりました。そこには東京だけでなく海外からも面白い人たちが集まり、日曜朝の4時にDJがかけるショスタコーヴィチの「ジャズ組曲第2番」がかかるまで狂乱で煌びやかな夜が繰り広げられました。アマランスラウンジは世界一小さなキャバレーだと思っています。

アメリカでのバーレスク体験を熱く語る日々。そんな私に雑誌「スペクテイター」の連中が飛びつきました。彼らは北朝鮮へも一緒に行った破天荒で面白い仲間でした。ジェニー・リーを〝おっぱい爆弾〟と訳したライターの釣ちゃん、アーティストのハカセ、松の木タクヤ氏、カメラマンのグレート・ザ・歌舞伎町、よくもまあ、みんな揃ってファンキーな名前だなあと改めて感心します。まあ、自分の名前もエロチカ・バンブーだから類は友を呼ぶ？　ちなみに国内ではミス・エロチカという名前で活動していましたが、海外でショーをするときの名前として考えたのがエロチカ・バンブー。海外ではバンブーといえばアジア系のイメージがあるため、私がアジア人だとわかるように付けました。

大阪のグランドキャバレー天守閣で踊る私を取材してくれた「スペクテイター」のクルーが、2003年のエキゾチック・ワールドでのコンテストに取材を兼ねて連れて行ってくれることになったのです。タイミングはいつも自然に準備されてベストな時期にやってきます。彼らがこのトンチンカンな私の戯言を見事な記事にし、そしてバーレスク・コンテストやカルチャーを力強く写真に焼き付けてくれました。今でもこの素晴らしい男友達には感謝してもしきれないほどです。

そして偶然にもスカーレットからも連絡があり彼女も同行することになりました。なんと台湾で会った彼女の80歳になるお母さんのオーガスタも「チカの応援にいくわよ」とついてきました。

参加申し込みの締め切りまでギリギリでした。決められた分数で曲を選び編集。そして参加希望の動機や詳細などを書き込むため英語と格闘。ついでにサンフランシスコでのショーも決まり、衣装製作だの曲選びだの、まるでジェットコースターのような忙しさ。

私はサンフランシスコへ先乗りし、２００１年に初参加した「セックスワーカー・フィルム&ビデオ・フェスティバル」で再びショーをすることになりました。そこで初めてアメリカのバーレスク・ダンサーと出会いました。今でも親交のあるシアトルのインディゴ・ブルー。彼女の作った作品もポルノとは程遠いラブリーなビデオアートでした。彼女のバーレスク・ショーはワンダー・ウーマンをテーマにした彼女ならではの明るく楽しいショーでした。彼女もエキゾチック・ワールドに行くことを知り、狭い楽屋であーでもないこーでもないとおしゃべりに花が咲きました。

「あそこは昼間は気温が50度近くまで上がるの。だから水をボトルで何本も持っていくといいわ！」

英語が話せなくても通じる相手がここにもいた！　嬉しくなりました。

いつの間にかサンフランシスコの地理に詳しくなっていた私は相変わらず、あのテンダーロインのボロいホテルに泊まり、薄い味のないコーヒーをすすり、最高の気分でますますアメリカのB級カルチャーナイズされていくのでした。

日本から到着した釣ちゃん、ハカセとグレート・ザ・歌舞伎町を迎え、サンフランシスコからラスベガス、ベガスからエキゾチック・ワールドまで、スカーレット母娘とのドタバタ珍道中の始まり！　ビーフジャーキーをかじりながら、道中一番パワフルだったのが80歳のオーガスタでした。スカーレット母娘の車はカントリー&ウエスタンミュージック。私たちの車はグレート・ザ・歌舞伎町が持ってきたキャロルをBGMに爽快にアメリカのハイウェイをぶっ飛ばしました。

ラスベガスではギャンブルに夢中のスカーレット母娘を残し、私たちは撮影が禁止されているエリアでゲリラ撮影をしたり、危ないと旅行書に書かれているダウンタウンの奥地へ出向いたり。まあいつものごとく入り込んでは撮影を続けました。

そのダウンタウンで出会った、厚底眼鏡に歯の抜けた、どう見ても二十歳そこそこの売春婦はジャンキーなのか呂律が回っていないのだけれど、なぜか私にフレンドリーで「あなたの赤いサンダルはとてもラブリー」とふにゃふにゃした笑顔を見せるのでした。

私たちはベガスを後にし、2年前に訪れたヘレンデールへと向かいました。

年に一度のバーレスクの祭典

2003年6月、とうとうエキゾチック・ワールドへ私は再びやって来ました。ショーが始まるのはお昼過ぎから。モーテルでしっかりメイクして乗り込み用のコスチュームに着替えていざ出発。私も同行のボーイズも心が弾んでいました。オールドルート66からヘレンデールへ、そしてワイルドロードへ。しかし曖昧な私の記憶。一体この荒野のどこにあのミュージアムがあるのかサッパリわかりません。そのうえ私たちの誰一人、英語をうまく話せないのです。途中にポツンとあった酒屋の親父さんに地図を見せて印をつけてもらいましたが、まったくどこなのかチンプンカンプンでした。そこでハカセの持っていたビデオカメラを奪い取って、車の窓から体を乗り出してハコノリ。望遠鏡代わりにレンズをズームにして探してみたら、あったーっ！　遠くにはためく旗が見えます。

「あれだ！　あそこを目指して！」

エンジンを吹かし砂埃を舞い上げながらあの見覚えのあるゲートへ。やってきました、おっかさん！　まずはあの鉄の麗しいゲート。グレート・ザ・歌舞伎町が早速カメラを構えます。その勇姿にこちらも負けずにポージング。いちいち止まっては撮影に燃え、会場に着くまでに私たちはすでに一汗かいてしまいました。まだイベント前なのに。

会場にはすでに色とりどり着飾ったダンサーたちがカメラマンを前にポーズをとったり、おしゃべりに花が咲いたりと、ベイビーピンク、イエロー、ブルー、シャイニーゴールドとキラキラ空気があちらこちらに煌めいて、それはそれはカラフルで華やか。最初に目についた瞳の大きなダンサーのアイシャドウが綺麗なスカイブルーだったので、思わず「素敵な色ね」って声をかけました。彼女はのちに友人となるニューヨークから来たレディ・エース。このときは自分がシャイなことも忘れ、気がついたらいろいろな人に話しかけたり、自然と微笑みが浮かびウィンクしたりと、この場にもすぐに馴染むことができたのは、ここにいる人たちがオープンマインドだったからだと思います。

気温はすでに45度近くに上がっていました。サンフランシスコで出会ったインディゴ・ブルーを見つけ再会のハグ。彼女のアドバイス通り大量の飲料水を持ってきて正解でした。踊り子たちの肌に光る汗はその場で蒸気となり、熱風と照りつける太陽がますますイベントを熱くしてゆきました。このバーレスクのお祭りのために全米中からダンサーが一挙に大集合、そのファンやハーレーダビッドソンのバイク野郎たち、そしてこの田舎町の住民も集まる年に一度の大パーティーの始まりです。コンテストで賞を獲ることなんて二の次。この場に居られることと、バーレスクを愛する人々や、バーレスク・ダンサーとして誇りを持つ彼女たちと時間を共有できただけでただ幸せで十分満足でした。

ここで私はディクシーを始めバーレスクのレジェンドと呼ばれる60歳以上のダンサーの

姐さんたちと出会うのでした。なぜか踊り子の姐さんたちは日本でもアメリカでもどこかタイプが似ています。でっかいハートで姉御肌。この愛に溢れる踊り子を世の男性はもっと見直したほうがいいわ。その姐さんたちもカメラマンを前に若いダンサーたちとポーズを決めています。とてもかっこいい。

ステージは2年前の秋に見た落ち葉の浮くあの寂しげなプールの奥にありました。同じ場所とは思えないほど活気を帯びています。プールサイドはすでに多くの観客で混み合っています。ビールを片手に足をプールに入れ、木陰でショーの始まりをのんびり待っていました。私は自分の出番と楽屋を確認するため、スタッフに予め英訳してきた奇妙な英語で尋ねました。やることは世界共通。楽屋で準備して出番になったら踊るだけ。指示された部屋へいつも通り大きなスーツケースを転がしながら向かいました。

お昼過ぎには気温はぐんぐん上がり、DJの流すVava voomな選曲が会場をますます熱く盛り上げていくのでした。Vava voomとは、踊り子が腰を振ったときの「バン、バ、バン！」というグラマラスなリズムのことです。

身振り手振りで案内された小さな楽屋は、前にスカーレットと訪れたときに、ディクシーの帰りを待っていたあの大きなホールの奥にありました。

「やっと来れた。お久しぶり〜」

ホールに挨拶しながら部屋に入ると、そこにはすでに数人のダンサーが準備中でした。ハーイ。初めて来たのに違和感のない楽屋。それぞれの衣装がはみ出したスーツケースをよけ、人の後ろをかき分けながら奥の空いている化粧前を見つけました。そこに腰を落ち着かせた途端、忘れていた暑さに体全体が覆われました。エアコンなんてもちろんないから汗がじんじん噴き出します。そしてすぐに乾燥してゆく。

私のすぐ横にカーテンで仕切られたスペースがありました。狭いし空いていたからそこに行こうとすると、その場にいたみんなにダメよとジェスチャーで注意されました。実はそこは大スターのテンペスト・ストーム専用の化粧前だったのです。だいぶ後でわかったのですが、テンペストの横がポツンと空いていたのは、みんな座りたくなかったのだとわかりました。彼女に畏れ多くビビっていたから!

そのときの私は恥ずかしいくらい無知でした。以前なんとなくニューヨークで買ったサムシング・ウィアード・ビデオ社が出している『ティーズラマ』という50年代のバーレスク・ダンサーが沢山出てくる映画があります。そこでベティ・ペイジと共演していたグラマラスなスターが彼女であったなんて気づきもしませんでした。

楽屋がざわつき始めました。「テンペストが入ってくるわ」とヒソヒソ声があちらこちらから聞こえてきます。彼女が入ってくるなり楽屋の空気がガラッと変わりました。テンペストはそこにいる女の子たちに見向きもせず、大きな紫のガウンと緑の羽根のショールを運ぶお付きの人を先頭にまっすぐにカーテンの奥へ入って行きました。

隣にいた私は、挨拶がわりに笑顔で会釈をするとニッコリ。そしてカーテンはシャッと閉められたのでした。とてもいい感じ。踊り子の生き様を目の前で見せつけてくれる。この空気感、ますますワクワクしてくるのでした。

楽屋の隣の席にはペアでショーをする二人。ダンスの振りの再確認をしたかと思うと、鏡を見つめながらシリアスな表情。なんだか緊張しているように見えます。私はというと、いつも通りさっさとショーの準備をしてから会場を見て回りました。参加者は50人くらい。20代の若いダンサーから、上はバーレスクの歴史に名を連ねるテンペストのような大御所の80代まで。海外から参加したのはどうやら私だけでした。華やかなのはダンサーだけでなくお客さんもです。頭に花を飾った人、50年代ピンナップのスタイルの人、思い思いのスタイルの人たちが続々と集まって来ます。

ディクシーとチャーリーから「よく来たわね」とハグされました。この牧場の一角のトレーラーハウスに住む刺青の入った初老の男性が「ユーたちは遥々日本から？　じゃあ俺様のホットドッグを食べて行きなよ」と言ってきました。彼の名前はジム。ここに来ると「ホームレスのような俺様に優しくしてくれたね、ベイビー」といつも笑顔を見せてくれました。荒野で飲むコーラとジムの作るホットドッグは最高に美味しかったのですが、そんな彼も数年後この牧場で亡くなってしまいました。

もともとこのエキゾチック・ワールドでのコンテストは、設立者であるジェニー・リーの意思を継いだもので、若手もベテランも一挙に集まって学んだり語り合ったりしながら芸を競って遊ぶ、年に一度のお祭りみたいなもの。

昔はスターだったダンサーたちは優しいお婆ちゃんになっているものの、過去の素敵なピンナップ写真を売る姿は少女そのものでした。しかしその大御所のダンサーの中でも、優しいお婆ちゃんになっていない踊り子がいました。それがテンペスト・ストーム。まだまだ周りの小娘たちはヒヨッコ。エルビス・プレスリーに惚れられ、大統領になる前のケネディとデートをし、巨匠ラス・メイヤーを巨乳好きに目覚めさせたバーレスク界の大スターでレジェンド。いくつになっても踊り子であることを堂々と見せつけてくれる人で、とにかくかっこいいの。

「若い頃、芸名の候補が二つあって、サニー・デイかテンペスト・ストーム。私はやはり、テンペスト・ストーム。そっちしかあり得ないわ。たぶん私が世界一年齢のいったバーレスク・ダンサーだけど、心は25歳。時々18歳よ。誕生日は4年に一度だから（笑）」

彼女のステージネームを訳すと大暴風雨。まさしくテンペストは嵐のごとく、一度引退はしたものの復活し、バーレスクのパイオニアとして93歳まで現役でその生き様を見せてくれましたが、残念ながら２０２１年4月21日に天に召されてしまいました。

栄冠をかっさらう！

ここに来る前にウェブサイトで見た写真。青空の下、風に髪をなびかせながらダンサーたちが気持ちよさそうに踊っていた情景。その写真そのままの会場に今私はいる。写真から伝わってこなかったのは実際の温度でした。もう50度はあるんじゃないかというぐらいの灼熱の暑さと乾いた空気の匂いは人生で初体験。この初めての体感に感激し通しで、とにかくハッピーでした。

コンペティションはすでに進んでいて、他のダンサーのショーを見る時間もなく私の出番が近づいてきます。楽屋ではショーを済ませた女の子が戻ってくるなり頭を下げてガックリしています。「おいおい！　たかがショーだよ〜」と心の中で励ましながら、私はというと早くショーを楽しみたくてうずうずしていました。ステージマネージャーに呼ばれ、私の出番です。砂埃の舞う裏側を通りステージ袖へ向かいました。

私の使った曲は「8時だョ！　全員集合」で加トちゃんが使っていたあのペレス・プラードの名曲「タブー」と「コーヒールンバ」、そしてシャーリー・バッシーの「ビッグスペンダー」を編集し規定時間の4分間にまとめたもの。「チョットだけよ〜、あんたも好きね〜」は基本です。加トちゃんがテレビで見せた、寝ながら踊るポーズをバンブー仕様に。ステージの上から見る景色は清々しく、プールの水面は風で緩くそよいでいました。

私は客席に踊り出てプールサイドを一周ぐるりと駆け巡りました。これは日本のキャバレーのフロアーショーで培ったお客さんへ近づくサービス。人々の笑顔と歓声や口笛が鳴り響きます。ラストはステージで全身全霊の〝バンブー・シミー〟これは全身を小刻みに揺らす技（日本では〝全身トレモロ〟と呼ばれる古くからある技。のちにアメリカで私のオリジナルとしてバンブー・シミーと呼ばれるようになりました）。これでどうだ！　極東踊り子魂を見せつけてやるわ！　突き抜ける青空の下、最後の衣装Gストリングスに日本の国旗を小さく貼りつけチラッと見せると、会場はますます熱い歓声とスタンディングオベーション。私は埃まみれの笑顔でステージを終えました。あー楽しかった！

他の出演者も個性豊か。ラテン系美女、巨大なお尻の女の子のチームのファットボトムレビュー（太ったお尻のレビュー）、ヒッピーのようなトライバルヘアーの女の子は20年代風の不思議な踊り、頭にリボンをつけストライプのニーハイソックスを履いたロリータ風の三人組、タトゥーが全身入ったブロンドのハワイアン風、ナンシーシナトラの「憎いあなた」をバックにチューインガムを噛みながら胸をずーっと振り続けるかわい子ちゃん……まったく踊れないダンサーはステージに出て最後はプールに飛び込んでいました。ただ単に八等身グラマーだけではなく、皆それぞれの体型や衣装が魅力的なダンサーたち。60代以上のレジェンドたちも皆、楽しそうにステージで踊り、脱ぎ、投げキッスをして盛り上げました。

その中でも目立ったダンサーがいました。ニューヨークのダーティ・マティーニ（※250頁）。今こそプラスサイズのモデルが尊重されますが、私たちバーレスク・ダンサーがそのきっかけを作ったのだと思っています。ダーティは私の五倍は大きなお尻を武器に舞台狭しと踊り、大きなオーストリッチの羽根の扇を見事に使いこなしていました。見えそうで見えないアメリカ版「チョットだけよ〜」を見事に魅せ、最後は大迫力の乳首の先のタッセル回しと大股開きで大拍手喝采！　わお〜。その場の空気を彼女色に染めました。こりゃかなわん！

そして最後は大御所のテンペスト姐さんのショー。紫の透けるガウンを翻し赤毛がますます夕日に萌え、刻まれた大きな胸のシワはダイヤモンドより美しい。そして高齢者向けの安全靴ではなくハイヒールで「I will survive」を踊るのでした。参りました！　私はいつまで踊れるのかな。

お祭りもそろそろ終盤。優勝者を発表するため出演者が全員ステージに呼ばれました。周りは皆、巨大なアメリカンガールズ、小柄な私はどんどん端っこや後ろへ追いやられながらもこの状況を楽しんでいました。特別賞、ベストタッセル回し大賞、ベストグループ賞、3位、2位と選ばれ喜ぶ受賞者を眺めていました。へーすごいねー！　みんなおめでとう、よかったね〜！　1位は誰かなあ〜。

しばらくみんなと拍手をしていたら、全員がこちらを向いています。え？　なあに？　指差しては「ユー、ユー！」と言っています。あまりにも発音が良過ぎて私の名前が呼ばれていることに気づきませんでした。植木等さんのノリで、「あ、こりゃまたど～もすいませんっ」とステージ中央へ大きな体たちを押し除け出て行きました。去年の優勝者、キティン・デヴィル（※250頁）嬢からハグされトロフィーと賞金を受け取りました。

アメリカいちのバーレスク・ダンサーになっちゃった。

私は参加できたことに満足だったので優勝したことはおまけくらいにしか思っていませんでしたが、喜んでいることをアメリカ風にわかりやすく見せないと申し訳ないと思い「ヤッホー」と叫びながら再びプールサイドを一周。会場にいたお客さんと審査員への挨拶代わりに走り抜けたのでした。

この日の模様は翌朝のCBSの「ビル・ガイスト・サンデーモーニング」で取り上げられたそうですが、そんなことなど知る由もなく、一番びっくりしていたのは日本のクルー、そしてバーレスクの取材に来ていたイタリアのカメラマンたちだと思います。私？　なんの根拠もなかったものの、不思議と優勝しちゃう予感がなんとなくしていました。

ダーティ・マティーニは今でも「会場にいる誰一人として知らない日本からきたダンサーが、私が奪うはずだったクイーンの座をかっさらっていっちゃったのよ～、わっはっは」と、世界のいろいろなショーで会うたび大笑いで話してくれます。大御所のダンサーたちは「おおベイベー、あたしは嬉しいよ。ベイベーこそ踊り子魂を持った熱い娘だ！　わざわざ遠いニッポンからここまでやってくるなんてクレイジーだよ！」とハグとキスの嵐を受け取りました。

金髪ボインで人種差別のある国だから、どうせ優勝なんかしないいんだろうなという思いも少しあった私は、エキゾチック・ワールドに再び感謝しました。たった4分のショーのためにそんな荒野まで行くなんて馬鹿げているという人もいましたが、そのたった4分のショータイムからまた大きな道が私に開けていきます。これをきっかけにアメリカでショーをするチャンスがまた舞い込んでくるのでした。それは海外に住む決断をするきっかけになり、そして自分ではまったく想像をしていなかったことが起きるのでした。

土曜日の熱いショー合戦の翌日。私はディクシーにお別れを言うため、日本のボーイズたちともう一度エキゾチック・ワールドを訪ねました。前日とは打って変わって静かなプールサイド。アメリカの片田舎の静まり返った日常がまたそこに戻っていました。昨日までの賑わいがピッタリ止まり大勢いた人たちは去り、ほんの数人がまったり過ごしていました。不思議なもので、この参加した年から私は毎年この会場に来ることになるのですが、宴の後の静まりかえった日曜日、いつもディクシーを囲んでティータイムを過ごすのは決まって同じ顔ぶれのメンバーでした。

受賞直後の記念写真

年下の可愛いボーイフレンドを連れたニューヨークのダーティ・マティーニ、オーガナイザーのルーク&ローラ、会場に入ったときに私がアイシャドウの青さを褒めたレディ・エース、シアトルのインディゴ・ブルーを始め数人。不思議と今でも縁のある人たちです。プールでゆったり泳いだり、プールサイドに寝そべったり。たわいのない会話で午後は過ぎてゆきました。

アメリカいちのバーレスク・ダンサーになっても、「これは、たまたま出会ったお遊び」といつもどこか醒めている自分がいます。たぶん一人キャバレーで踊ってきたので、比べるということにあまり興味がないのかもしれません。それより、ただ綺麗なだけじゃない、パワフル

で誰一人同じじゃない、数多くのバーレスク・ダンサーに会えて、人の評価よりまず自分自身を出すことができる新しい時代を感じたのでした。

初めてここを訪れたときと同じような風が吹き抜け、プールの水面に広がる波紋を眺めながら、ここに導かれたことに感謝しました。英語も話せないけれど、まだここにいたい。この会場から去るのがとても名残惜しい。ここに残った数人のダンサーたちは皆、同じように思っているようでした。また来年ここで会おうね。

日米を股にかける

この国は一度何かを認められたら早い。コンテストでＭＣ役をしてたバーレスク・ダンサー、キティ・ディギンズから「ＬＡのショーに出ないか」と誘われ、もちろん即オッケー。私たちはディクシーを始め故ジェニー・リーの旦那さんのチャーリー、ホットドッグを作ってくれたジムに挨拶をして一路、ＬＡへと向かいました。

だだっ広いハイウェイ。途中、映画に出てきそうな50年代スタイルのペギー・スーというダイナーでハンバーガーにかぶりつき、永ちゃんを聴きながら、ＬＡまでまっしぐら。会場はスリー・クラブス。ダーティ・マティーニ、レディ・エース、そしてジンジャーというＬＡのダンサー、そして私とキティ・ディギンズのショーでした。
クラブの厨房の隙間で着替え、出番を待つ。これもすでに日本のショービズで慣れていたので緊張もせず、サラッとショーを終えました。少しずつこのアメリカのバーレスク・コミュニティに私は入っていくのではないだろうか、という予感を感じながら。

ＬＡでのショーの後、日本のボーイズは帰国。私はサンフランシスコへ戻るなりバーレスク・ショー「VAVAVOOM」を見つけ、いきなり出演をオファーしてみましたが、当日ということもあり断られました。ところが数時間後に連絡が入り、ショーに出演することになったのです。前日に出演したボーイレスク（男性版バーレスク）パフォーマーのショーがキリスト教を冒涜しているという理由で出演を断られ、その代役で急遽私が出演できることになったのです。なんともラッキーな！　勢いに乗り始めた？　アメリカでなんとなくやっていけるのではないかと漠然と思い始めました。

勢いに乗ってる自分を感じながらサンフランシスコから帰国。日本でバーレスク・イベントをするチャンスがやってきました。当時中目黒にあった藤井フミヤさんのギャラリー、スペース・フォース。真っ白い壁に囲まれたギャラリーにステージを設置しました。当時日本ではバーレスクを知る人などほとんどいませんでしたが、イベントは新しいものに興味津々の東京の人たちで埋まりました。

バーレスク・イベントをしながら相変わらずナイトクラブやキャバレーでもショーを続けていると、その年の秋にLAで再びイベントがあると知りました。「ティーズ・オ・ラマ」という大きなイベントでした。もちろんギャラは出ません。なんと、そこにも日本のボーイズが自腹でやってくると言うのです！　大阪のグランドキャバレーでの取材で知られざるキャバレー世界の魅力に目覚め、そのうえ私がアメリカで優勝しちゃったものだから、面白がってくれて追いかけて来てくれるというのです。ノリがいい！　この勢い。グルービーなノリはとても大切。私は一足先にまたアメリカへ向かいました。

ハリウッドにあるヘンリー・フォンダ・シアターは大きめの劇場。リハーサルへ入ると会場のいろいろなところでストレッチをしたり練習したり、見慣れた光景がありました。ふと私の横を見ると小さな可愛い女性。ディタ・ヴォン・ティースでした。彼女は当時すでにマリリン・マンソンのガールフレンドとして名前が世に知られていましたが、横にいる彼女があまりにも小さいので拍子抜けしました。楽屋でショーから戻ってまだ裸ん坊の彼女に「素晴らしいショーでした」と伝えたのでした。まさか彼女がセレブになるなんて当時は考えもしませんでした。

本番はエキゾチック・ワールドで知り合ったバーレスク・ダンサーはもとより、レジェンドと呼ばれる大御所の姐さんたち、そしてエキゾチック・ワールドのショーに参加できなかった多くのダンサーたち、ポゴスティックで高くジャンプしながら脱いでゆくボーイレスクダンサー、コメディアン、障害のあるパフォーマーといった多様な出演者によるショー。今よりバラエティに富んだショーが多く、まさにネオバーレスク創成期でした。

私はエキゾチック・ワールドで優勝したものの、主催者からの私への扱いがあまり好ましく思えませんでした。まあ、要は初めて参加した見ず知らずのアジア人がトロフィーをかっさらったことで、ちょっぴり意地悪な洗礼を受けたのね。エキゾチック・ワールドに参加した2位のダーティ・マティーニはトリに出場するのに私は素人枠。もうこのイベントへは次回から出場するのやめようと決めました。

ルチャリブレとバーレスク

会場にはグッズ販売のテーブルもあり、いろいろなバーレスク・チームやダンサー、ピンナップ系のファッションストアなどが商品をアピールしていて賑やかでした。優勝して顔を覚えられていたのと、持ち前のシャイなくせに動じない性格で笑顔を振りまき、人々の中に入り込んでゆきました。大御所の姐さんたちからは、「ヘイ、ベイビー！　あのクレイジーボーイズもまた一緒に来たのか！　よく来たね。わっはっは」とほっぺにキスされ相変わらずおおらかに受け入れてくれました。

そこでLAの「ルチャバブーン」というイベントのオーガナイザーに声をかけられました。彼女はバーレスク・ダンサーでもあり、エキゾチック・ワールドでは審査員もしていたリタでした。

「あなたのショーをエキゾチック・ワールドで見て思ったの！『私のイベントにぴったりだわ！』って。『ルチャバブーン』のプレ・ショーがあるから出てみない？」

もちろんオッケーよ。だって断る理由がないじゃない？

「ルチャバブーン」はルチャリブレの試合とバーレスクが合わさった斬新なイベント。私はすでに日本から彼らのサイトをチェックしていて、私がそのステージで踊っている姿を勝手にイメージしていました。まさかあちらから私に出演依頼が飛んでくるなんて。でも反面、実はそういうこともあり得るなあと、どこか漠然とした自信もありました。

ブルー・デーモン・ジュニアと楽屋にて

場所はダウンタウンのマヤンシアター。プロモーションのためのショーで、私にトロフィーをくれた2002年のエキゾチック・ワールドの優勝者で「ルチャバブーン」のレギュラーダンサーのキティン・デヴィルも出演しました。会場の盛り上がりを見て、バーレスクの人気が高まっていることを身をもって知りました。そしてこれを機にその後の「ルチャバブーン」のレギュラーダンサーのオファーを受けました。またアメリカへ戻ってくるチャンスが入ってきました。

「ティーズ・オ・ラマ」のイベント後、日本のボーイズたちと私はメキシコのティワナまでドライブしテキーラショットで乾杯！　そして彼らは日本へ、私は一人LAに残りました。タイ・タウンにある安ホテルを引き払い、ノースハリウッドにあるフォトグラファーのドンの家に移りました。嬉しいことにエキゾチック・ワールドに来ていた彼が、ガールフレンドのオウガスタと共に私に興味を持ってくれ、滞在をオファーしてくれたのです。

知らない人の家に泊まるのは日本のキャバレー時代に慣れていました。オーナーの家だったり、楽屋だったり。それと勘。この人たちは大丈夫という勘。基本、悪者はやって来ないという私の考え方でもあります。よっしゃー！　波に乗っていこう。

そしてこれから活動するためのポートレートをスタジオで撮りました。まだソーシャルメディアが流行る前。モデル料と引き換えにこの写真のデータをいただくという、なんともおおらかな時代でした。

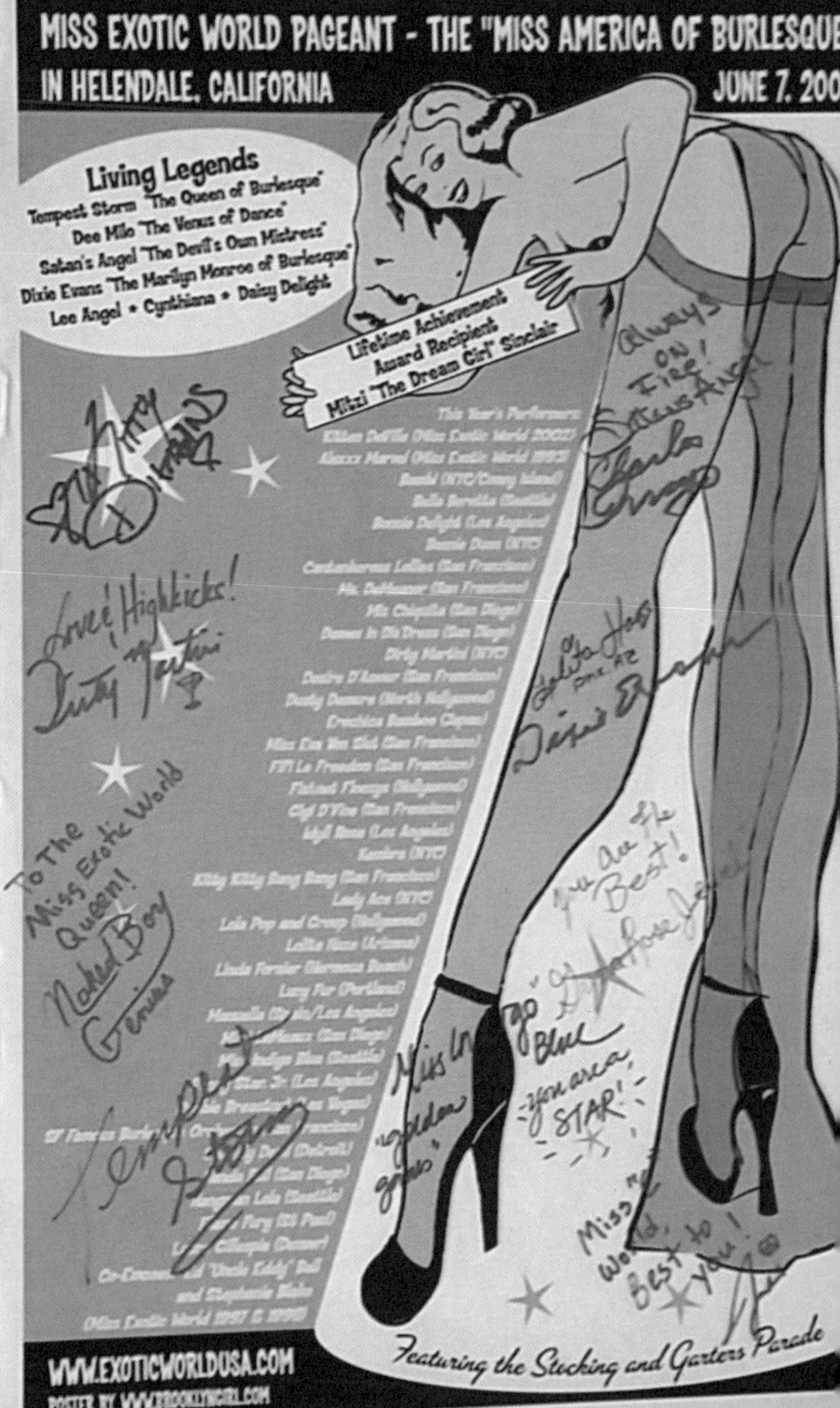

MISS EXOTIC WORLD PAGEANT - THE "MISS AMERICA OF BURLESQUE
IN HELENDALE, CALIFORNIA
JUNE 7, 200.

Living Legends
Tempest Storm "The Queen of Burlesque"
Dee Milo "The Venus of Dance"
Satan's Angel "The Devil's Own Mistress"
Dixie Evans "The Marilyn Monroe of Burlesque"
Lee Angel • Cynthiana • Daisy Delight

Lifetime Achievement
Award Recipient
Mitzi "The Dream Girl" Sinclair

This Year's Performers:
Kitten DeVille (Miss Exotic World 2002)
Alexxx Marvel (Miss Exotic World 1995)
Bambi (NYC/Coney Island)
Bella Beretta (Seattle)
Bonnie Delight (Los Angeles)
Bonnie Dunn (NYC)
Cantankerous Lollies (San Francisco)
Ms. DeMeaner (San Francisco)
Miz Chiquitta (San Diego)
Damsel in Dis Dress (San Diego)
Dirty Martini (NYC)
Desiree D'Amour (San Francisco)
Dusty Demure (North Hollywood)
Erochica Bamboo (Japan)
Miss Em Bee Slit (San Francisco)
FiFi La Freedom (San Francisco)
Fishnet Floozys (Hollywood)
Gigi D'Vine (San Francisco)
Idyll Rose (Los Angeles)
Kandira (NYC)
Kitty Kitty Bang Bang (San Francisco)
Lady Ace (NYC)
Lola Pop and Cream (Hollywood)
Lolita Haze (Arizona)
Linda Forsíer (Hermosa Beach)
Lucy Fur (Portland)
Marsella (Ur ula/Los Angeles)
Mitzi Mouse (San Diego)
Miss Indigo Blue (Seattle)
Miss Satan Jr. (Los Angeles)
Odin Breedlove (Las Vegas)
Ophelia O'er (San Francisco)
Pussy Kat Dee (Detroit)
Queen of Tease (San Diego)
Shanghai Lola (Seattle)
Tiara Fury (St Paul)
Leza Gillespie (Denver)
Co-Emcees: Kid "Uncle Eddy" Ball
and Stephanie Blake
(Miss Exotic World 1997 & 1998)

WWW.EXOTICWORLDUSA.COM
POSTER BY WWW.BROOKLYNGIRL.COM

Featuring the Stocking and Garters Parade

EXOTIC WORLD
MUSEUM
Site of the Miss Exotic World Contest
Annual Strippers Reunion and Pageant
Headquarters of the Exotic Dancers League of America
the Art of Striptease in the GOOD OLD DAYS of
Burlesque

MISS EXOTIC WORLD

WORKING
CLASS
ERO
EXOTIC WORLD
EXOTIC
WORLD
MUSEUM
EXOTIC WORLD
WORKIN
CLASS
ERO
Exotic World

Wednesday June 29th!

2 BIG NIGHTS OF SEXO Y VIOLENCIA!

Thursday June 30th!

A Different Show Each Night!

LUCHA VaVOOM

BURLESQUE BEAUTIES 'N' CATFIGHTING CUTIES!

MEXICAN MA[...] WRESTLIN[...]

Super PORKY

Mil MASCARAS

Que MONITO

Wednesday

Thur

THE MAYAN THEATER, DOWNTOWN LOS ANGELES - 21+

Erochica

Karis

Kitten DeVille

Ming Dynatease

Roky Roulette

Michelle Lamour

Summer Peaches

The Poubelle Twins

Frida Kulo

Ursulina

Victory Burlesk presents
Burlesk goes North
CANADA'S 1ST BURLESQUE & VARIETY FESTIVAL!
May 28-29-30 2004 * Toronto, Canada
3 DAYS/ 2 NIGHTS
Appearing *ALL WEEKEND LONG* @ THE 360 CLUB, 326 Queen St W. (the360.com
TICKETS ON SALE:
Online @ TICKETMASTER.CA * Charge By Phone @ (416) 870-8000
The 360 Club, 326 Queen St W. (416) 593-0840
Rotate This, 620 Queen St W.
FULL FESTIVAL DETAILS ONLINE:
www.VICTORYBURLESK.com
DISSABTE 23 DE MARÇ
PORTES 20:30 - SHOW 21:3
MADAME TABOO
DE LO BUENO LO MEJOR!
MIS VECINITAS
EROCHICA
BAMBOO
BANBURY CROSS
LUNA ROSA
MAMBO JAMBO
JORDI DURO
DJ-SET
TABOO
Barcelona Burlesque Nights
THE BEST BURLESQUE SHOW IS BACK
LET'S GET OFF
Gramona
NOU DE LA RAMBLA 113 BARCELONA

The Far East Exotica Burlesque
TOKYO TEASE!
Erochica Bamboo
Cabaretta
PiPPi Silkstocking
Mary Sunayama
Special Guest!
MARI
SNACKY!!!!
MC Madam Regine
GOGO RiceCake Chicks!
+DazzlingBoy?
DJ Bambi & Mr. Death
Host Flamenca & Jasmine
11.22 MON. TRUMP ROOM
Open 8pm Show 9pm/11pm 3000yen

48TH ANNUAL STRIPTEASE REUNION &

MISS EXOTIC WORLD

BURLESQUE PAGEANT

JUNE 5TH 2004
3:00 PM

WHO WILL WIN THE GREAT TASSEL TWIRL-OFF?

Featuring Living Legends
Tempest Storm
"The Queen of Burlesque"
Dixie Evans * Dee Milo * Satan's Angel
& the world's most electrifying ecdysiasts

VENDORS!

LIVE MUSIC!

OVER 50 GIRLS!

ADULTS ONLY

29053 WILD ROAD · HELENDALE, CA 92342 · WWW.EXOTICWORLDUSA.ORG

World is just off Historic Route 66 – halfway between Victorville & Barstow. Admission is $25/person and $35/couple. Seniors are $15/person and $20/couple.

第3章　恋することをやめないで

恋愛でもしてみようかしら

ウエスト・ハリウッドのメルローズでショーをしたとき、物腰が柔らかいデビッドという男性が私に声をかけてきました。彼は日本語が少しわかるようで、またちょっぴり可愛かったので一緒に飲みに行く約束をしました。彼はシンガーで、そのときの彼の歌が日本のコマーシャルで流れていたこともあり親近感を感じました。

日本ではあまり男性に声をかけられたことがなく、ショー真っしぐらだったので恋もろくにしたことがありません。ここらでいっちょ、恋愛でもしてみようかしら⁉　ここでは私のことを誰も知らない。恋をするにはシチュエーションも登場人物もわりと完璧じゃない。日本語だと恥ずかしいけれど、ここは英語の世界。甘いセリフも吐いてみたい。恋に恋していました。

まず演出。勝手に映画のシナリオが私の頭に流れ始めました。今までにトライしたことのないファッションで、アメリカでのエロチカバンブーを謳歌し始めたのです。スリムジーンズにヘソ出し。レザーのショートパンツ、ブーツ、ミニスカート、体にぴったりのタンクトップ、レトロな60年代のドレス、アイメイク、髪は少しシャギーが入ったロング。そしてハイヒール、ビンテージなナイトウェア……などなど揃え始めると楽しくて仕方ありません。日本にボーイフレンドがいることはすっかり戸棚の奥へと仕舞い込みました。

ジャンボス・クラウン・ルームの裏口にて

恋に不慣れな私の大きな反動です！

デビッドと飲みに行った後、そのまま彼の家へ。なんとまあ、尻軽！　人生初めての経験。それも海外。なんだか良い気分。しかしこれは演出だとどこか思っていました。少しくらい羽目を外しましょうと。

ミッドセンチュリーの家具、TIKIのバーカウンター、広いバスルーム、バルコニーと、当時流行っていたシャグのイラストの世界でした。そして私はノースハリウッドのドンの家から彼の家へ移り住みました。ちょうど街はストライキでバスも走っていなかったので、ドライバーにもなるしちょうどいい！　なんて少しビッチを気取りながら。可愛らしい恋愛ドラマの始まり。

男性経験もなくこの世界に入ってしまった10代。すごくシャイで恋愛に奥手。バーレスク・ダンサーになりたての頃は、芸能社や先輩のお姉さんたちから「恋をしてはいけない」「男性と関係を持ってはいけない」という掟を作られ、「変な色気が出る」「体が崩れる」「芸事に集中せよ」と言い聞かされてきました。ありがたいことにそれは「恋せよ乙女！」と書き立てる女性誌やトレンディドラマ、周りの女子たちのボーイフレンドの話についていけない自分に「別に恋なんてしなくてもいいのね」という都合の良い言い訳となりました。自意識過剰で恥ずかしがり屋だった私。真面目にショーのことだけ考えて生きてきました。

そんな私がやっと恋に自由になれたのがアメリカ。性の解放運動が始まった！

日本人相手じゃないとなぜか恥ずかしくない。甘い言葉を囁かれてみたい。男性の体の仕組みってどうなってるの？　言葉がわからない分、想像力はマックス。夢のような恋ができる。ここは自由の国アメリカ！　自分が今まで禁じてきた恋の主人公になりたい。

バーレスクで覚えた動きを恋愛生活に取り入れてみよう。男を手玉にとるのだ。やってみよう。飛び込んでみよう。瞳の奥にハートきらきら。物静かで（言葉を知らないだけ）優しそう（日本人特有のいつもニコニコ）に見える珍しい日本人バーレスク・ダンサー。興味を持つ男性が次から次へと寄ってきて、私は恋のハンターになってゆきました。

恋愛するにはもってこいの西海岸。しかし人を愛しているのではなく、状況を楽しんでいるのだから恋愛とは程遠い。そもそも普通の女性が10代で通過する恋愛経験がほとんどなく、10年以上の遅れをとっています。言葉の通じない国で、そのうえ「男を手玉にとる」という脚本を書くこと自体が間違っていたのよ。手玉にとるどころか、ミイラとりがミイラになった。男性の甘く切ない恋の罠にハマり見事、悲恋ドラマクイーンに……。

私には所詮〝お遊びの恋〟などできず、デビッドから「真っ直ぐ過ぎて、君は怖い」と言われる始末。そしてあっさり終了。のちに友達になった彼から、笑いながらこう言われたことがあります。

「チカ、気をつけなさいよ、恋愛は。君は純粋過ぎるのだから」

失恋してもただでは転びません。これをヒントに怖い女のショーを作ろうと思ったのです。帰国後にできた新作はゲイシャ。セックス・ピストルズの「アナーキー・イン・ザ・UK」で踊り、西洋人が持つ〃日本人女性はか弱く優しい〃というファンタジーをぶち壊す。最後にハラキリの仕草を入れました。

海外でのマジックワード〃ゲイシャ〃。この響きにエロティックな妄想やロマンチックなファンタジーを抱く人もいまだに多いのです。

「怖いだって？　何よ失礼ね、お黙りっ！」

こんな勢いであっという間にできあがった演目。ごめんあそばせ。

これがLAの「ルチャバブーン」で大ウケして、私のショーはトリを飾り、大きな会場がピストルズの大合唱で震えました。悲恋クイーンからロックスターになった気分。NYではなぜか「政治的なショー」と言われ、「世間に何を訴えようとしてるのか？」と問われた。男性よりも女性に応援され、泣けるショーと評判になったのでした。恋の痛手もすべてショーの糧になりました。

今でも私は相変わらず大ヒット演歌のようにこの演目を踊り続けています。ドイツでは曲がピストルズからレッド・ツェッペリンの「胸いっぱいの愛を」に変わったくらい。その間に、私はいつの間にか人に恋するのではなく、人を愛するようになっていきました。

恋愛にショーに大忙し

NYではまだ、9．11のワールドトレードセンターで亡くなった人々の尋ね人の貼り紙が壁に残っていた頃でした。そのスッポリなくなったビルの跡地は大きな穴ぼこのような公園になってはいたけれど、ラスベガスのハリボテの世界もここも全部嘘のように見えました。真実は今ここNYで踊っていることだけ。

2004年から滞在期間ギリギリまでアメリカに滞在。この年はいきなり1月から全米を回るツアーが始まりました。私を最初にエキゾチック・ワールドへ連れて行ってくれたスカーレットを含むセックスワーカー10人ほどで全米中をバスで回るショーの旅は、まるで映画『プリシラ』そのものでした。SM嬢、娼婦、男娼、フェミニスト、バーレスク・ダンサー、大学講師で構成された集団でバンドあり詩の朗読ありの40分ほどのショーをパッケージし、オレゴンからアリゾナ、LAからNYとアメリカを縦断しながら約1ヶ月以上かけて移動。移動の車中でその夜泊まる街のモーテルを探しては、翌朝出発というハードなツアーでした。カナダのギャングの娘で中学生時代から学校で薬を売り売春婦になった子や、やたら明るいSM嬢、文学青年、性をテーマに作品を発表しているのに性に対して潔癖なアクティビストの子、看護婦の格好をしてロックを披露したオーガナイザーのタラなどなど、面白い連中が集まりました。アメリカ中でショーをすることが楽しく、また

NY のクラブ Rififi にて

道中で出会う人々も魅力的でした。

アーティストのコミューンや本屋さん、ギャラリー、大きな劇場、バーなど様々なところでショーを繰り広げました。私は常にスカーレットと同室で、NYでは彼女の友人の故ギルバート・ベイカーのお宅へ宿泊させていただきました。ギルバートはゲイのシンボル、レインボーフラッグを考案した芸術家です。真冬のNY。旅の途中、シャイで寡黙な彼のマンハッタンにある心地よいアパートで、私たちは久々に熟睡しました。セックスワーカーの輪は、芸術家の輪でもありました。

ノースカロライナ州のウィンストンセーラムは、アーティストが占拠するビルにあるライブハウスでのショー。このビルにはナイトクラブ、映画館、カフェ、ギャラリーなどが入っていて、上階にはアトリエと住居、そして数人がシェアできる広いリビングがありました。家賃も驚くほど安く東京の10分の1くらい。とても理想的な暮らしでした。彼らは映画を作り、音楽を作り、時に展覧会をしていました。私たちが到着すると彼らの手料理が振る舞われます。美味しいヴィーガン料理は心も体も温まりました。なんというか、どこの国も芸術家はお料理が上手！　愛がこもっているのです。

ショーを終えると、素敵なスーツに身を包んだ初老の紳士が私に近づいて来ました。

「君のショーを見て若い頃に見たダンサーを思い出したよ。まるで彼女を彷彿させるショーだったね。リリ・セント・シア（※249頁）というダンサー、知ってるかい？」

私は目をまん丸にして驚きました。まさか！　アジア人の私にそんな讃美をいただけるなんて。私はそのリリにとても憧れていたのです。リリ・セント・シアは50年代に活躍したバーレスク・ダンサーで、品のあるショーでバーレスクのイメージを変えた人でした。この言葉がいただけただけでハードなツアーが夢心地になりました。ショーの後はアトリエに私とスカーレットだけが残り、芸術家のみんなと語り合い飲み明かしました。


ツアーの後はそのままLAに行き、「ルチャバブーン」のショーに出演。ビザ更新のため一旦帰国すると、5月に再びバーレスク・フェスティバル、6月にエキゾチック・ワールドに出演するためすぐにアメリカへ戻りました。

同時に恋愛ごっこもますますエンジョイし、NYではスタジオ54のダンサーや本屋のオーナー、LAではダウンタウンのロフトに住むアーティスト、ナイトクラブのオーナー、音楽家たちとお食事をしたり、抱き合ったりとそれまでしてこなかった経験をここぞとばかりに体験しました。私は一体どうなってるの⁉

そしてまた一人、ロマンチックな恋の罠に落ちてしまいました。彼はスウィング音楽のムーブメントを作った映画『スウィンガーズ』のクラブのオーナーのトニーでした。ロスフェリスの大きなお屋敷に一人で住む彼は、まさしく恋のシナリオにはぴったりの人でした。彼のクラブでバーレスク・ショーに出演したり、お店のお洒落なバーテンダーたちと仲良しになったり、一人ぼっちのお屋敷のビリヤード台の上で一緒に踊ったり。カタリーナアイランドへ連れて行ってくれたときには、帰りの船でイルカが大海原をジャンプするというおまけ付き。きっとこの恋はうまくいく？　勢いがあるときというのは体力も気力も尽きないもので、ＬＡライフを謳歌していました。

ドラッグディーラーのドクター・リーはマンソンにコカインを売っていたオヤジで、巨大な肥満体のマゾヒスト。バーレスク界隈でも知られるその男まで私の人生に登場したものの、私は薬でハイになるダンサーたちが嘘臭くて好きになれず、貢いでくれるコカインはすべて誰かにあげて、その代わりお食事やドレスを買ってもらったりと、これぞハリウッド？　ビッチなダンサーを演じることを楽しんでいました。

ドクター・リーに「大晦日一緒に過ごそう」と言われたものの、そんなお誘いなんてまっぴらごめん。「ルチャバブーン」のパフォーマーで友人のダニエラに助けを求めました。だって、彼をスパンキングするなんて気持ち悪いでしょ！　ギリギリのところでこの胡散臭いオヤジとはサヨナラ。こんな安いＢ級映画のような世界を十分楽しんだから、それもおしまいにしよう。ドクター・リーはあっさり私から離れていきました。めでたし。

ちなみにダニエラは、サイドショーのパフォーマーではミス・エレクトロと名乗り、電流を体に流し逆毛を立て、両手で掴んだ蛍光灯に電気を通し光らせるというショーをしていました。またスラメンストラ・ハイメンという名前で、モンスター・メタルバンドで知られるグワァーのボーカル、ダンサー、ボディーガードとして活動していました。素顔はとても柔らかでラブリーな女性です。

ロスフェリスのトニーとの恋愛もやはりうまくいかず、結局シャンパンの泡のように消えてゆくのでした。私はやはりショーに生きるのだわ。そして「次にアメリカで何も起こらなければ、もう十分楽しんだし、アメリカでショーをするのはやめようかな」と思っていました。

私はもちろんドラッグやマリファナの経験はあるけれど、ハードドラッグに対してはどこか胡散臭さを感じていました。鼻や歯茎からコークを入れてステージに立つ？　そんなのまったく面白くない。偽物の高揚感なんてクソくらえ。ステージにはもっと凄いものが潜んでいます。それをコークごときで台無しにするのはもったいない。ドクター・リーは決して自分ではドラッグを摂らないプッシャーの見本のような奴だったけど、数年前に糖尿病で足を切断し、その後心臓発作か何かで亡くなってしまったそうです。アーメン。

ドラッグをやるのはその人の勝手なのでどうぞご自由にと思うけれど、一緒の楽屋では決してお断り。楽屋で誰かがドラッグやっているだけでその場のエネルギーが変わってしまうのです。あの独特なガラッと変わってしまう空気感の変化はなんなのでしょう。淀むのです。それはドラッグというより、それをやる人たちの醸し出す空気感だったのかもしれません。なので楽屋のトイレに入ってドラッグをやって出てきた奴らを見つけては、睨みつけ、「ここではやらないで」と世界中で言ってきた。神聖な楽屋なのですから。

何も起こらなければ、アメリカへはもう来ない。そう決心しながらも私はLAの生活をまだ堪能していました。就労ビザなしでの生活ではあったものの、毎回ギリギリ3ヶ月の滞在を十分堪能し、ショーで全米やカナダのトロントを回り、大きなイベントにも出ることができました。イベントの翌日に街を歩けば、「昨日のショーに出てた人ね」と握手を求められ、新聞やマガジンにも載り始めました。地方周りのキャバレーダンサーで、北海道の暖房のないホテルの部屋でガタガタ震えながら化粧をしたデビューの頃など忘れていきました。

私が滞在していたLAのシルバーレイク、エコーパークエリアは面白いエリアでした。ウエスト・ハリウッドはいわゆるハリウッド映画やセレブのイメージ。こちらは芸術家、ロックミュージシャン、ボヘミアン、ハリウッド映画にも出演する少しアクの強い俳優や女優、例えばジョン・ウォーターズ作品の常連女優、ミンク・ストールやジム・ジャームッシュやスパイク・リーの映画に出演してた俳優たち、吸血鬼がはまり役のドイツ人俳優ウド・キアなどが近所に住んでいるエリアでした。万引きをして捕まりハリウッドを干さ

SEE THE MOST APPEALING AND REVEALING FILM EVER TO HIT THE BIG SCREEN
CAMP
BURLESQUE
IT'S TITILLATING!!
IT'S SHOCKING!!
IT'S CAMP!!
STARRING:
EROCHICA BAMBOO
KITTEN DeVILLE
MIMI LeMEAUX
ELIZA BANE
the MARTINI KINGS
ENJOY THE GREAT OUTDOORS!
SEE ACRES of FLESH!
EXPLORE THE GENTLE ART OF THE STRIPTEASE!
www.campburlesque.com
PINKY'S
"ISLAND of LOST SOULS"
WE. 30/07/14
DOORS 10PM – SHOW 11PM
STARRING:
DELANEY DAVIDSON & BAND (NZ)
WITH DJ LULA ROSE
BASSY
BURLESQUE
EROchica
BAMBOO
LIVE
at the Juke-joint Lounge
The
LOVE

れたウィノナ・ライダーを見かけたこともあります。

私も徐々にこのエリアでは馴染みになりつつあり、会えば挨拶を交わしたり雑談したりと、このあたりのコミュニティに入り込んで行きました。この時期ムーブメントになりつつあったネオバーレスク・シーン。その代表するグループ、ベルベット・ハンマーや「ルチャバブーン」などLAのネオバーレスク・シーンを作っている仲間たちも多くがこのエリアに住んでいて、カスバというカフェによくたむろしていました。

カスバにいると街が見えてきます。この辺りを1年中欠かさず上半身裸で何時間もウォーキングしている科学者を眺めたり、常にピンクを身につけている気の良いゲイのホームレス〝ファイブダラーマン〟と会話したり。彼はいつもカスバあたりにやってきては、拾った何かを5ドルで売っていました。

またNYと違ってLAは2時でバーやクラブが閉まるので、ホームパーティーがよく開かれました。「ルチャバブーン」のバーレスク・ダンサーのアニーことミン・ダイナティーズ（※250頁）と、彼女のボーイフレンドでハリウッド映画の大道具の設計をやっているマークの住む素敵なシノワズリ・スタイルの家では、DJセニョール・アモーレがレコードを回し、そこで楽しく踊ったり飲んだり吸ったりバックヤードでおしゃべりしたりして楽しみました。LAは広い家が多く、パーティーが可能だったのです。

そこにはホットロッドスタイルで頭に赤いバラをつけ細身のサブリナパンツを履いたバ

ーレスク・ダンサーがいれば、全身真っ黒な革ジャンに身を包んだロック野郎、ビンテージアロハにカールした口髭の60年代スタイルの紳士、髪をピンクに染めたグラム野郎もいて、それぞれが皆バラバラのファッションで身を包んだ人たちを見るだけで楽しめました。

このエリアはメキシカンカルチャーが根付いていて、ルチャたちレスラーの稽古場や美味しいフローズンマルガリータを出すメキシカンレストランなどがあり、街角で売っているトウモロコシの皮で包んだほんのり甘いタマレを食べながら闊歩したものです。

メキシコのおばちゃんのやっているゴチャゴチャした雑貨屋は洗剤からビール、おもちゃ、ネジ、卵までなんでも売っていて、とてもフレンドリー。どこか東京の下町を彷彿させます。飲んで踊った後は大概、一晩中営業しているタコトラックにタコスを食べに行ったのでした。「ウエスト・ハリウッドなんてぶっ飛ばせ！　セレブなんてダサいわ〜」というノリで。ほどよい反骨精神とラテン気質、のんびりした加減がちょうどいい居心地の場所でした。ロックとパンクとゴージャスが合わさったサブカルシーンを、私たちバーレスク・ダンサーとそれを取り囲むアーティストたちが、ＬＡののんびりした気候の下で楽しんでいました。もちろんメインはぶっ飛んだガールズたちでしたが。

さて遊んでばかりはいられません。イベントもそんなに頻繁にあるわけでもなく、キャバレーで稼いで貯めたお金も減ってきました。そこで、知り合った日本人の女性が働くストリップ・ジョイントでバイトをすることに。ところがそこは全部脱がないといけなくて、指名があれば別室でラップダンスをする仕事でした。稼ぎはチップのみ。その中からバウンサーやDJに謝礼を払います。物は試しと一度やってみたものの、やはり向かない。私は女性を売りたいわけではなかったのだと気づきました。女性だけど、ステージでは別のもっと違う何かを生み出したかった。全裸になるとお客さんの視線が、一点に集中することになります。すると距離がぐぐ〜んと近づき、ブツになった気分。ただの肉になってしまう。そんな気持ちでした。ショーで作った、時に激しく時にふわっとしたエネルギーが、それだけでかき消されてしまう。これは私がやりたいことではないわ。一度きりでやめました。

さて、どうしよう。「アメリカB級案内」という雑誌に書かれていたクラブ、ジャンボス・クラウン・ルームに興味があり、昼下がりに尋ねてみることにしました。エキゾチック・ワールドに来ていた可愛い三人組の女の子たちも働いていたということは、B級ファンに好まれるクラブだと察しました。

「たのも〜！」

流れ者のカウボーイのごとくドアを開け中へ。まだ営業前でお客はおらず、ステージにはポール。そしてジュークボックス。カウンターバー。そこにバーテンダーの女性がいました。お昼のロードショーに出てきそうな、気怠さを纏い煙草の似合う人の良さそうなお姉さん。話してみると、私がその年のエキゾチック・ワールドのコンテストで優勝した噂はすでにこの業界に知れ渡っていました。ところがこの日突然押しかけたため、オーナーが不在で改めて出直すよう言われました。このお店はとても匂う。さて雇ってもらえるか？

少しドキドキしながらもう一度尋ねると、中年の女性がいました。彼女がオーナーのカレン。「じゃあ、いつからくる？　明日はどう？」あっという間の採用でした。この店でのステージネームをつけたいとバーテンの女性に相談しました。

「ヨーコはどう？」

いくら日本人で有名なのはヨーコだからってそれはご勘弁。ヨーコ・オノは色っぽくないし～。そこでその場で浮かんだ名前を伝えました。

「バタフライ」

しかし英語が下手だったので、みんなに笑われてしまいました！「バター揚げ」ではなくもちろん蝶々のほうです。もちろん稼ぎはチップで、その中からバーテンとバウンサーにいくらか支払うことになっていました。

このお店は１９７０年に作られた老舗のゴーゴーバー。詩人のチャールズ・ブコウスキーが飲んだくれたり、デビッド・リンチがここのバーで『ブルーベルベット』の脚本を書いたり、コートニー・ラブが売れる前に踊っていたことでも有名な店で、ただのセクシーなバーではありませんでした。働いている女の子たちも、全裸のストリップ・ジョイントと違い、ただのかわい子ちゃんは居ません。「ラップダンスなんてまっぴらゴメン！」と中指立てちゃいそうなガールズで、バーレスクの世界と共通していました。ここにくるお客さんも一筋縄ではいかない輩が多かったと思います。なぜかわからないけれど、頼んでもいないのにシェールのオフィシャルグッズや写真をくれる人、怪獣特撮映画を作っているおじさん、「日本人ミュージシャンのハヤーシと仕事してる」と言う人。「ハヤーシって誰？」と思ったら、Xジャパンのヨシキのことでした。

出番前に店のジュークボックスから2曲選び、ステージへ上がります。毎回五、六人の女の子が順番に出演していて、そのダンサーの中にブロンドのショートカットですごくかっこいい姐さんがいました。ポールを自由自在に使い、迫力とエロスとかっこよさが混在していた彼女。ボーイフレンドが毎回ごっついトラックでお迎えしていました。

また、「私は女優の卵」と言いつつもう何十年もここで踊っている人や、楽屋で葉っぱでハイになっていつもヘラヘラしてる子、美人でもみんなどこか個性的。そんなダンサーたちと一緒に仕事をしました。ＬＡに戻れば、いつでも温かく迎えてくれます。

「ルチャバブーン」のスタッフ、リズの家に滞在しているときは裁縫の仕事をしました。彼女は衣装を作るのがうまく、ハリウッド映画からも衣装製作の仕事をもらっていて、私は手先が器用なのを認められ彼女の家で手伝いながら、自分の衣装も作る生活をしていました。一度製作の仕事に入ってしまうと、私もリズも時間を忘れ何時間も没頭して食事さえ忘れてしまいます。気づいたら夜が明けていたという日もありましたが、何かを作る日々は楽しいもの。私は恋愛よりもやっぱり仕事。何かを作るということが楽しいのです。

リタやリズが気軽に私を泊めてくれたおかげで滞在費はかかりませんでした。隣にはハリウッド映画で活躍中のヘアメイクアーティストのカルロスがいて、彼に髪を切ってもらったり朝ごはんをご馳走になったり、一緒にクラブへ行っては踊ったりする日々でした。行く先々で「うちに泊まればいいよ」とありがたいオファーをいただき、楽しい日々を送れたのは、周りの友人たちのサポートがあったからだと思います。

運命の出会い？

〝もういい加減恋なんてこりごり〟という時期でした。「ルチャバブーン」のダンサー仲間のアニーから「紹介したい人がいる」と言われていたのですが、特に約束をするでもなく、いつものようにカフェカスバにみんなで集ってはたわいない会話で盛り上がっていると、なんとなく視線を感じました。その視線を送ってきた本人をアニーとマークがこちらに呼び寄せました。

「彼だよ、会いたがっていたのは」

寡黙そうに見える彼は、カフェカスバから数軒先にあるフレンチレストランの元シェフ。彼はなかなか目を合わせないし、特段話すこともなくその日は終わりました。

彼はアニーからチケットを購入し、シルバーレイクの仲間と一緒に「ルチャバブーン」のショーに初めて足を運んだらしいのです。そのときずばり私のショーの虜となるのでした。ワオ！　そのショーはあのアナーキー芸者です。後で彼からこう言われました。

「脱いでいるのに、その裸よりも大きな何かに包まれた。なんだこりゃ〜と。とにかく僕は、この人と結婚するってその場で決心した。その場にいた友達は呆れていたけれどね」

ブルーアイが美しいこの人はアルタスという名のイギリス人。ハリウッド映画の現場でケータリングシェフをしていると言います。その後、彼を含むシルバーレイクの仲間たちと会えば、同席して何気ないおしゃべりに花を咲かせていました。

彼のビンテージのコンバーチブルカーが日本の雑誌に載ったので「リトルトーキョーの紀伊國屋書店まで一緒に行ってほしい」と誘われ、そこからなんとなくお付き合いが始まりました。

「ルチャバブーン」のダンサーのサマーが、彼が私に興味があると聞いた途端、彼にちょっかいを出し誘惑し始めました。私はまるでハリウッドの安っぽいドラマを見ているようで面白かったのと、彼にそれほど興味がなかったので、この展開を眺めていました。私は自分に起きた恋愛だけでなく、バーレスクの友人たちやLAウーマンたちの恋の仕方など、それぞれの恋の方法を眺めては楽しんでいました。

何も起こらなかったらもうアメリカへは来ない。そう決めていたけれど、もしかして何か起こるのかな？　そのときはまだ私はトニーとの失恋の直後で、まだアルタスには心が傾いていませんでしたが、初めて自分から追いかけるのではなく、相手から真剣に好かれるという新しい恋の展開を経験をしてみたいという根っからの好奇心がうずくのでした。

正式な彼からのディナーのお誘いは彼のとっておきの手料理。庭付きのコンパクトな家はシルバーレイクの隣、エコーパークの小高い丘の上にありました。リビングには小型の色褪せたグランドピアノが一つ。使いやすそうな可愛いキッチンにはシャノワールのポスター。そしてポスターと同

バーレスクカルチャー誌の表紙を飾った

じような黒猫とツートンカラーの猫が2匹。お庭からはハリウッドヒルズが見渡せ、手入れされた庭は様々な花の香りで溢れていました。

レストランで食事をするようなコース料理をいただき、その優しい美味しさにびっくり。ロビン・ウィリアムスに気に入られプライベートシェフをやっていた腕前。撮影現場でも評判が良く、スピルバーグからもらったクッション、リチャード・ギアからもらったチベット仏教の経典、ジュリエット・ビノシュからもらった子供のようなクレヨン画のお礼状などを見せてくれました。彼の作る料理はとても評判が良かったのです。そしてもれなく私の胃袋も掴まれました。

コース料理の後は、彼のピアノの演奏。まったく譜面が読めない彼の即興演奏は、どこか「五木の子守唄」のような少し悲しげで刹那さを感じる調べ。お料理と彼の奏でるメロディから、見た目は熊さんのようだけど、中身は繊細な人なのだと感じ取りました。デート相手にはぴったりのロマンチスト。しかしながら、この時期は感じの良い男性から食事のお誘いがあれば、即飛びついていました。なんたって、腹が減っては戦はできぬ！

彼の横にいるとリラックスできる自分もそこにいました。恋の大冒険より安心感があったのかもしれません。ちょうどこの頃、滞在していたシルバーレイクのリタのアパートから出ることになりました。彼女も新しい恋の展開が始まるようで、長年付き合った恋人とすったもんだしていたため、私は彼女の家を後にし、彼の家に滞在することにしました。

私は疑いもなく相手を信用する。いつも直感で行動していました。その代わり少しでもモヤッとしたら即その場から去る。私のこの直感は結構冴えてて使えました。彼とお付き合いを始めましたが、どこかに少し曖昧で説明のつかない〝モヤ〟が心の隅にありました。私を見つめる青い瞳は真っ直ぐで常に優しい。花びらの浮いたお風呂にシャンペンを持って来てくれる。お風呂の後は汗をびっしょりかきながら一生懸命オイルマッサージをしてくれる。空港にはいつも花束付きでお出迎え。あれが食べたいと言えばすぐ作ってくれる。朝ごはんはベッドルームまで運んでくれる。そして素敵なピアノ。動物にも人にも優しい。芸術の話から世界情勢の話まで話題も豊富。

「愛している」と言うと男性は怖がって逃げるのだということをアメリカで学び、「簡単に愛を囁いたらダメなのね」と思い始めてた恋愛下手の私でしたが、彼だけは別でした。正直であって良いと受け入れてくれました。なのに私の心はいつもどこか遠くを見ていました。なぜ？　それはきっと私の勘違いで、人から好かれるのに慣れてないだけ。そう思い深く考えませんでした。

この商売、本当に女性を信用してくれる人としかお付き合いできない。ステージでは裸に近い姿になるから。それでもいいならお付き合いしましょう。

彼がショーにも同行するようになりましたが、ステージに立つ私は彼だけを見ているわけにはいきません。楽屋では常に隣で私を見つめている。彼は周りにも気を遣い私にも尽くしてくれるのに、どこか周りの人が無意識に壁を作るのは、アルタスが二人だけのお城を作りたい人だったから。

「なぜ君は人をそんなに信用できるの？　もっと人を疑わないと騙されるよ」

性別関係なくいろいろな人と大笑いできる私を見て、彼は疑問に思っていたようです。

オレンジフラワーの強い香りが溢れブーゲンビリアが咲き乱れ、エメラルド色のハチドリが毎朝飛んでくるロマンチックな生活。その中で、少しだけズレが見え隠れしていましたが、これはきっと私の勘違い。そんな気持ちは無視して楽しもうと努力していたように思います。だって夢のような至れり尽くせりの生活だったから。

お付き合いしてまだ10日も経っていないある日、

「これは僕の母の結婚指輪。君の指にはめたい。結婚してください」

すると怖いほど薬指にピッタリとはまりました。小さな指輪がすごく重く感じました。

「ごめんなさい。あなたは私のことをもっと知るべき。今はもらえないわ」

普通に日本で育った私から見たら、彼の家庭は想像を遥かに超えたドラマのようでした。お母さんのシシはイラン人。すでに亡くなっていた芸術家のお父さんはフランス生まれのイギリス人。父親の違う妹はドイツ人で弟はイギリス人。別れた奥さんとアルタスとの間にできた子供はユダヤ系アメリカ人。

お父さんのジョーは孤児院で育ち、イギリス人ご夫婦の養子になり、順風満帆に芸術家になりました。写真を拝見しただけで一目惚れしてしまうほどのスーパーハンサム。お母さんはイランのお嬢様で、60年代スインギングロンドン時代、アートスクールに留学。そこでジョーに出会い学生結婚し、アルタスを産みました。破天荒だけど真っ直ぐ過ぎるジョーは、お酒が好きで家にはめったに帰らず。アルタスが幼少の頃に離婚しました。その後、シシはすぐに10歳年下の建築家を目指すドイツ人学生のボーイフレンドと同棲を始めます。いけてるわ！

幼少期、繊細な少年アルタスは太っていたため、ロンドンの学校で同級生からいじめにあっていました。先生ともうまくいかず、そのためシシは常に彼のために学校を探し、なんと10回以上も転校を繰り返したそうです。最後はクリシュナムルティーのプライベートスクールに巡り合い、そこの寄宿舎に入りました。彼が寄宿舎にいる間、シシはドイツ人のパートナーとの間にアルタスと歳の離れた弟と妹を産みました。

シシから聞く当時のロンドンのお話はとても興味深いものでした。モンティ・パイソンのメンバーやビートルズ、デビッド・ボウイを始めとしたミュージシャンや芸術家がいつも周りにいました。彼女の所有するアパートの一室にはボウイの親友ジョージ・アンダーウッドが住んでいました。『ジギースターダスト』のアルバムデザインはそこで生まれました。

ジョージ・ハリスン「クラッカーボックス・パレス」のビデオクリップには、ジョージの住むお城で芸術家やミュージシャン仲間の子供たちと共にアルタスも出演しています。ジョージは見た目通り、とても優しい人だったそう。

私は、ぶっ飛んだお父さんのジョーの話が大好きでした。常に国際色豊かな美人のガールフレンドがいたジョー。ある日、小学生のアルタスがスウェーデンにいるジョーを訪ねました。もちろん夜はパーティー。アルタスのジュースにいたずらで、ほんの少しドラッグを入れたとか。「朝目覚めると、全裸の女性たちがゴロゴロ床に寝転がっていて怖かった」と語っていました。

ロンドンの美大で教授をやっていたものの、ジョーは美大の方針が気に食わず、喧嘩して退職。晩年はバリ島に引っ越し、作品制作に没頭しました。アーティストとして名前を何度も変えているので、芸術家として大成していたものの、彼の生涯の記録をほとんど見つけられず、アルタスは頭を抱えていました。まるで北斎のよう。

そのジョーは、突然亡くなりました。晩年ロンドンを訪れた彼は、いつものように酔っ払いご機嫌さんのところ、暴漢に襲われ身ぐるみ剥がされてしまったのです。路上に倒れているところをレスキュー隊に救助されました。ＩＤもお金も何もかも盗まれ、名前を伝えても信用されず病院で危篤状態に。ちょうど私がアルタスに出会う数ヶ月前のことです。しばらく疎遠だったアルタスは、病院でボロボロになり呼吸器をつけたジョーと面会したものの、そのまま息を引き取りました。

ジョーがアルタスに残した言葉は「結婚するなら日本人だ」と。日本へ行ったこともないジョーが残した言葉でした。妙な話ですが、後年ベルリンでとあるヒーラーさんから言われました。私はこのジョーに気に入られたから結婚したのだと。ヒーラーさんにはジョーの話は一切していなかったので驚きました。まるでおとぎ話のようです。

アルタスは私に「家族との縁がない」と悲しい顔でいつも私に話していました。父は幼少の頃に彼の元から去り、母は彼よりも妹や弟を愛している。息子は先妻に引き取られ別れたきり。私は彼をとても気の毒に思いました。世界には私の想像を絶する家族の形がある。ノーテンキに育った私には別世界の物語でした。

私は日本への帰国時期が迫っていました。アメリカにもう少し長く滞在したかったものの、滞在できるビザがなく困っていると、私に下心があったドクター・リーが彼の知り合いの弁護士を紹介してくれました。ところがその弁護士がいい加減な人で、「ビザの問題はない」と言われた通り書類を提出したものの、数週間後に国外退去の命令が出ました。ドクター・リーに頼った私がバカでした。

アルタスはスペインのマラガに住むシシの具合が悪いと聞き、急遽発つことになりました。スペインに発った後、私もシシの家へ来るようアルタスが手続きをしてくれました。

初めてのスペイン。そして初めて会う、あの指輪の持ち主のシシ。私はLA空港からヨーロッパへ旅立ちました。

マラガ空港から車で1時間。アーモンド畑の真ん中にシシの真っ白い大きなお屋敷がありました。農家を買い取りリノベーションしたお屋敷は、雑誌で見るような素敵な家でした。センスの良いキッチン、暖炉のあるリビングルーム、ピアノの部屋、そのうえ図書室までありました。ベッドルームが沢山あり、プールにお庭、そして何エーカーものアーモンド畑付きの素敵なお屋敷に彼女は一人で住んでいました。アーティストが時々来て作品を作ったり、田舎暮らしを経験したい人たちはヨガやプールを楽しんだり、健康的で美味しいお食事を提供するというヴィラでしたが、ほとんど彼女一人で過ごし、たまに友人が訪れていたようです。

初めて会ったシシの印象は、とても若々しくチャーミングな女性でした。少しカールされた黒髪。ダークスキン。テキスタイルを専攻していた彼女は自作のドレスを纏っていました。

部屋をいろいろ案内してもらう中、ある部屋で目に飛び込んできたのは、天井まで届く大きな肖像画。そこにはアルタスの妹と弟が描かれていました。アルタスの写真はというと、棚に小さな写真が一つ飾ってあるだけ。彼女は彼のことをどう思っているのか不思議に思いました。彼が言うように、彼のことを本当に愛していないのでしょうか。私は彼の言葉を少しずつ信じ始めていました。この滞在中に、彼はシシのためにキッチンのワゴンを作ったり、図書室の棚を直したり、水道管を直したりと一生懸命に尽くしていました。彼女の愛が欲しくて。なぜそんなに働かせるのか、本当にアルタスを愛していないのか、私は疑問に思いました。

1ヶ月近い滞在中、彼らの不思議な母子の距離感に私は苛立ち始め、ここから逃げ出したくなりました。一度シシに怒りをぶつけたことがあります。なぜそんなに彼を働かせるのか？　そしてアルタスに対しても、彼をかばう気持ちが次第に、「嫌ならやるな！　子犬のような目をして何を求めているの、この人は」と変化していきました。

「もうここに居たくない。マラガの町にあるポールダンスバーで小銭を稼いで勝手に帰国する！」

アルタスに訴えるも、この提案はすぐに却下されました。

それでも私は彼らからいろいろ学びました。ディナーのテーブルセッティング、健康的で美しく美味しい食事、趣味のいい古い家具、整頓された清潔で質の良いリネン類、暖炉の火のつけ方、収穫したアーモンドの殻の割り方、アーティチョークの食べ方、ガーデンの植物の配置の仕方まで。豊かで質素で美意識の高い生活をしている人たち。近所の搾油所から搾りたてのオリーブオイルを買ってきたり、農家から採りたての卵やヤギの乳をもらいチーズを作ったり。シシが作っている小さな畑からはスイスチャービルなど新鮮な野菜が採れました。

「ここはね、世界でもし戦争が起きたときに、私の子供たちや、いつか生まれてくる彼らの子供たちが避難して生活できる場所にしたいの」

彼女は本当にアルタスを愛していない？　その真逆でした。彼女は愛の人でした。それに気づくのは、アルタスの幼少期に感じたトラウマの呪縛と無意識に脚色された彼の人生の物語をのちに知ったときでした。

私たちは再びＬＡに戻りました。国外退去命令が出ていたにもかかわらず、６ヶ月も経っていないのに私はＬＡにすんなり入国できてしまいました。そこから本格的に彼との同棲生活が始まります。イベントに出演する私に彼は早朝から仕事があるにもかかわらず協力してくれました。毎日囁かれる甘い愛の言葉。丁寧に淹れてくれるコーヒーを朝露が光る庭を眺めながら一緒に飲んだり、欲しい衣装の生地を見繕い買ってくれたり。なんというか至れり尽くせりで、「なぜ彼はこんなにしてくれるの？　マゾヒストなのかしら。本当にこれでいいの？」という疑問も心の中にあったものの、彼が幸せを感じるのならいいと、その小さな疑問は仕舞い込まれました。

踊り子として長年生きてきた私には、私なりの仕事の流儀があります。「ショーのときは私に恋人はいない。だからあなただけを見ません」

あまりにも私に一途なのでつい出てしまった本心は、どこか私を独占したいと思う彼への警告でした。特にショーとなると、私は寡黙になるし出番前は他人に気を遣いたくありません。例えボーイフレンドでも容赦しません。バーレスク・ダンサーのボーイフレンドになる人は、というより私のボーイフレンドになる人は本当に理解がないとやっていけないと思う。だから、せめてもの罪滅ぼしに彼と私がリビングルームで一緒に踊ったピンクマティーニの曲「Let's never stop falling in love（恋することをやめないで）」でショーを作りました。それでも胸の奥の小さな罪悪感は消えなかったけれど。

ショーに恋をすることをやめないで？　それとも、男性に恋することをやめないで？

この一人ぼっちで可哀想な人を理解できるのは、もしかしたら私だけかもしれないと思い始めていました。果たしてこれは愛なのでしょうか？

何も起こらなかったらもうアメリカには来ない。そう決めていたのに私がまだアメリカにいるのは、彼が登場したおかげでもありました。「僕だけを見て」と瞳で訴える彼に、少し窮屈さを感じながらも、私に惚れる人なんて滅多にいないわと思いお付き合いは続きました。

2005年は日本とアメリカを行ったり来たりの日々でした。東京でショーをし、同時にキャバレーのショーで日本各地を周り、そして再びアメリカへ。エキゾチック・ワールドと「ルチャバブーン」へはレギュラー出演していましたが、私のショーに対する熱は収まらず、声がかかれば日本だろうが海外だろうがすべて受けていました。いつの間にか私はアメリカのバーレスクの業界にどっしり居場所を確立していました。

私はエキゾチック・ワールドに住んでディクシーの側で彼女を助けたいとも思っていました。私がバーレスク・ダンサーとして生まれた場所でもあるし、なんといってもこのお城を守りたいと思っていました。

6月、エキゾチック・ワールドに初めてアルタスを連れて行くと、なんと大御所のレジェンドのダンサーが「チカ、ブルーアイの可愛い人見つけたじゃないの」と私に言いながらアルタスにウィンク。踊り子はいくつになっても可愛い女性なのです。このときB級映画の大巨匠、巨乳大好きラスメイヤーの映画に出演していたラスメイヤーガールズにも出会いました。『ファスター・プッシーキャット！キル！キル！』のトゥラ・サターナ（※249頁）とラスメイヤーの最後の伴侶、キティン・ナティビダッドです。両者とも若い頃からバーレスク・ダンサーでもありました。

「私、この子のプッシー舐めたことあるわ！」

キティンは会った途端にそう言った。え？　誰かと間違えているよう。私とアルタスは顔を見合わせ苦笑い。彼女はとてもラブリー。このひどい間違いでさえ憎めない可愛らしさ。ここにラス・メイヤーは惚れたのではないでしょうか。巨乳だけではなく！

トゥラ・サターナは日系アメリカ人だったので、唯一の日本人の私に親近感を抱いてくれてとてもよくしてくれました。彼女からもらった黒い巨大ブラは家宝です！　50年代から70年代に活躍した彼女たちレジェンドは、遠い日本でバーレスクを続けている私にシンパシーを感じてくれていたようです。「あなたは他の子たちとは違うわね」とこっそり耳元で囁かれました。


アルタスも、今までになかった世界に興味が広がり楽しんではいたものの、時々出てくる言葉は「僕と仕事とどちらが大事なの？」。

馬鹿言ってんじゃないよ、もちろんショー！　私はあなたと出会う前からこの世界にいるのよ。と心の中では思っていたものの、「両方大事で今はあなたよ」と嘘をついていました。私は彼に対してだけでなく自分に対する罪悪感も芽生え始めていたようです。そんな頃、彼から「グリーンカードも取れるから結婚しないか」という話が出始めました。

私が結婚なんてありえないけれど、もしするならこのヘレンデールの荒野に建つエキゾチック・ワールドで親しい仲間たちに囲まれ結婚式を挙げてみるのもいいかな。私にとって、結婚でさえもバーレスクから切り離せなかったのでした。

エキゾチック・ワールドの立ち退き

2005年の年の瀬、ヘレンデールにあったエキゾチック・ワールドに立ち退き要請が出たとの報せを受け、アルタスと駆けつけました。この事実を知っているのはほんの数人だけ。引っ越しに向け、泊まりがけで博物館の片付けです。

バーレスク界のモンローと言われたディクシーは実際にモンローと交流がありました。彼女に贈られたプライスレスなマリリン・モンローのドレスはとても細く小さく、『お熱いのがお好き』で使用されたマリリンのヘッドピースの裏には「M・M」とイニシャルが書かれていました。グラマー女優ジェーン・マンスフィールドのピンクのカウチ、シカゴ万博で全裸になって白馬にまたがり上流階級に抗議したサリー・ランドの羽根の扇、ベット・ミドラーやナタリー・ウッド主演で映画化された踊り子のジプシー・ローズ・リーが実際に使った楽譜や靴といったお宝の数々が、この荒野に埃ざらしにあるだなんて誰が想像できたでしょう。その一つ一つを愛でながら箱に詰めてゆきました。ここに初めて来た日、夕日に光るディクシーに出会ったあの日を思い出しながら。

行き先はベガス。この砂漠から引っ越すことで多くの人にもっとバーレスクを知ってもらえるし、何より高齢のディクシーやテンペストにとっても良いと思う反面、それはとてつもなく寂しくて。ステージのあるプールサイド、吹き荒ぶ風、地平線に沈む太陽、そしてジェニー・リー、チャーリー、ディクシー、テンペストの大きな愛と思いの詰まったこのおんぼろの博物館に感傷的にならずにはいられませんでした。ある事情でここは閉鎖されることになり、そのせいでチャーリーは脳梗塞で病院に運ばれ、もう二度と自分のベッドには戻れない体になってしまいました。

再びバーレスクがどんどん脚光を浴びて大きくなる反面、裏切りやジェラス、汚い人々が大きな口を開いて噛みついてくる。コレクションが盗まれ、売り捌かれてしまいました。ところがラッキーにも質屋のオーナーが、大切なその売られたコレクションをエキゾチック・ワールドにそのまま戻してくれたのでした！

ディクシーのストレスを考えると心が痛み本当に腹が立ちましたが、ディクシーはそんな素振りを見せることなく、荷物を梱包する私たちにジョークを飛ばしながら気丈に振る舞っていました。

その晩、アルタスはお得意の料理でディナーを作り、物静かでシャイなテンペスト・ストームがケーキを焼きました。あの大スターのテンペストの素顔が垣間見えました。そのささやかな夜、暖炉を囲んでディクシーから若き日の思い出話を聞かせてもらいました。ショーで行ったハワイの日系人クラブの話や、彼女がショーで使った音楽など80代とは思えない記憶力の良さで、またとても嬉しそうに語った姿が忘れられません。

高齢のテンペストもディクシーも、この守ってきたお城、エキゾチック・ワールドから出て行かなくてはなりません。実は、彼女たちには疎遠になった家族がいます。テンペストには娘がいますが、娘から拒絶され会えない事情がありました。家族については二人ともあまり話したがりませんでした。のちにテンペストのドキュメンタリーフィルムが完成し、その状況を映画で語っています。

踊り子人生とは、ショービズに生きるということは何かを傷つけるの？　まるで、踊り子とは大切な何かを手放して生きることと教えられているような気がしました。今の時代はもっと緩やかであるはず。友人のバーレスク・ダンサーたちは大きな家もあり、家族もいて夫やボーイフレンドともラブラブ。そんな人もいたけれど、私はこれからどんな運命を進むのだろうか。波乱万丈に生きてきたテンペストやディクシーの人生に激しく感動していました。自分がのちに同じような道を進むとはこのときは想像もしていませんでしたが。暖炉の上に掛けられたジェニー・リーの肖像画が、その夜なんだか微笑んでいるように見えました。

「こんなに嬉しいニューイヤーズを迎えられるなんて。本当にみんなありがとう」

いえいえ、こちらこそありがとう。私にはアメリカにファミリーがいません。ここは私が産まれた場所のようなもので、まさにもう一つの実家。私はどんなに感謝してもしきれませんでした。

ゆく命くる命

エキゾチック・ワールドから帰ると、再び日本へ一人帰国。東京でのイベント出演で忙しくなりそう。そんなとき、風邪を引いてしまいました。ところがいつもとは違い、吐き気がしてお酒が美味しくないのです。そのうえ胸も張ってきました。これはもしかして!? 妊娠テストをしてみるとビンゴ。見事に小さな命が宿っていました。

人生は予測しないことが起こるもの。今まで一度も妊娠した経験がないのに「私はこの寂しいアルタスのために家族を作る」と心で強く宣言をした途端、子供を授かりました。病院でその写真を見せてもらうと、突然止めどなく涙が溢れ出し、生命に感動し過ぎるあまり、看護士さんたちが「どうしたの?」と心配して次々とやって来ました。結婚はおろか、子供を産むことなど想像もしていなかったのに!

まだ何ミリかの小さな魚のような生命が私の中に入ってきたのです。まだ手や足も生えてないくせに、まだミリ単位のくせに自己主張は立派。ムカつきと吐き気で、その力強い存在を私に知らせてくれるリトル・バンブー。小さな新しい生命を私の中に感じると、なぜかすごく力がみなぎってきました。

そんな中、エキゾチック・ワールドのイベント・プロデューサーのポーラから訃報が届きました。チャーリーが突然の心臓発作で、新しいエキゾチック・ワールドを見る前に他界しました。初めて会ったあの日。エキゾチック・ワールドを丁寧に案内してくれたチャーリー。物静かで力強く、ジェニー・リーを誰よりも愛し、ミュージアムもジェニーのごとく愛していました。東の彼方から来た私を「よく来たね」とまるで父のように大きく優しく抱きしめてくれたチャーリー。前年のエキゾチック・ワールドコンテストで自慢げに「チカ、君の写真のフレームを二つも飾っておいたよ。どうだい?」ってニコニコして話したのが、私と彼の最後の言葉でした。

ポーラから「あなたに宿った新たな生命のことをディクシーに伝えて、彼女を元気づけたいの。だからラスベガスに舞い戻ってほしい」と言われました。

私は新たな生命を体内に抱えてこの年、またエキゾチック・ワールドで踊る決心をしました。同時に「私は踊れるのかしら?」とも思いましたが、エキゾチック・ワールドでの前代未聞の妊婦バーレスク・ショーにワクワクと胸をときめかせたのでした。

数ヶ月後、アメリカ行きのフライトを予約しましたが、何か胸騒ぎがして急遽キャンセルしたのです。その翌日、私の父が危篤状態になりました。夜中近く病院へ母と駆けつけると、父はすでに息を引き取っていました。まだ少し温もりがありました。こういうときって上の方から自分の遺体を見下ろしているって聞いたことがあります。だから天井のあちこちに向かって話しかけました。

「お父さん、見てる？　ありがとう！」

そこから人生初、自分で仕切るお葬式の準備が始まりました。悲しんでいる暇もなく、親戚に連絡したり葬儀屋さんと打ち合わせしたり。翌日は友引ということもありお通夜ができず、翌々日に葬儀屋さんへ出向くと、すでに親戚の皆さんが集まっていました。重い空気がドアの向こうから漂ってきます。こういうときもなぜか職業柄、「ハロー」ってニコニコしながら入ってしまいそうになる私の性格。「なんや、なんや、その辛気臭い顔は！まるで誰かの通夜みたいじゃないのよ！」と口から出そうになるのを堪えて、親戚の皆さんにご挨拶。打ち合わせも含め、結構手際よく物事を進めてゆく自分に我ながら驚きました。お腹にいる子のおかげ？　このみなぎる力強さは10万馬力！　地球を砲丸投げのように宇宙の彼方まで投げ飛ばせてしまいそうな、そんなパワーをひしひしと感じていました。

お通夜に告別式。私は最後に父に話しかけ、額にキスをしました。生前父が撮った白い鳩、タンポポの綿毛、真白い梨の花を咲かせた畑、樹氷、羽ばたいている小鳥などの写真を棺に納めました。あっという間に肉体は灰になってしまいました。

私は生命の儚さと、遺伝子を引き継いだ新たな命を同時に感じることができて、なんてラッキーなんだろう。両方の命にありがとうを言いました。そして改めてフライトチケットをブッキングしたのでした。

父の葬儀の1週間後、私はアメリカへ渡りました。妊娠しているとアメリカへ入れないという現実がありましたが、再び私はさらっと国境を跨ぎました。ラッキー！

2006年、ラスベガスへ移った新しいエキゾチック・ワールドは、その名称も「エキゾチック・ワールド」が抜けて「Burlesque Hall of Fame（バーレスクの殿堂博物館）」と変わりました。この頃になるとバーレスクは知名度を得て、参加者も世界中から集まり大きなイベントへと変わってゆきました。

本番まで1ヶ月を切りました。私はひどい睡魔と第2期のつわりで、言うことをきかない自分の体の神秘に感動しながら、気分を奮い立たせてダウンタウンへ衣装材料の買い出しへ出かけました。バイオレットとシルバー。色のアイデアだけ浮かぶものの、まったく衣装のイメージが湧きません。何やってるんだエロチカ！　いつもの調子はどうした？決断力が鈍っているときは、間違えてもいいからとりあえず一つ決めてみよう。

布地探しに街を彷徨うこと4時間。太陽がじりじり差すダウンタウン。黒人、アジア人、ヒスパニック、中東の人。ダウンタウンで移民として働く彼らのたくましさ。この街でサバイブしている姿を見て、つわりごときでへばっている自分にハッパをかけ叱咤するのでした。フレッシュなスムージーを飲んでも、美味しいホームメイドのライブレッドやスクランブルエッグをいただいても具合が優れず、食後は30分横にならないと何も始まらない。ああ、悩ましきニンプライフ！

祖母の言葉を思い出しながら、ぐったりする。作る作る。悩む。作る。仮眠。縫う。の繰り返し。私は彼女のスピリットを受け継いでいるのだとつくづく思います。祖母は戦時中、四谷から小田原に疎開したとき、朝鮮の人に部屋と食事を与えていました。世間の目などお構いなしでした。

「このおじさんの方が困ってんだ。一食ぐらい食べなくったって死にゃしないよ！」

「なんだいそれくらい。お前さん、弱虫だねぇ。そんなこって死にゃしないよ」

その言葉は祖母から母へ、母から私へ引き継がれました。

二人の自由人から生まれた私

思えば戦中戦後の貧しい時代を経験した両親。母は四人きょうだいの長女だったこともあり、家事を手伝うため学校を休んだり、わずかな食料を幼いきょうだいに優先的に与えたりいろいろと我慢を強いられたことで、終戦後は自由を謳歌して生きようと決めたといいます。ハリウッド映画のロマンチックな世界に浸り、ゲーテの詩集を木陰で読むような夢見る乙女だった母は、戦争のおかげでパンクス精神が芽生えたようです。

「これからは誰からも邪魔されず、私の好きなことをとことんやらせていただくわ。いい？千佳ちゃん。国が決めた道徳なんか時代によって変わるのよ。何も信用できやしない！」

「長女だから早く結婚しなさい」と騒ぐ周りをことごとく無視して、地味な生活とはさようなら。母は男性に頼ることなどせず大蔵省印刷局の職業婦人になり自由を謳歌しました。結婚なんて自由を奪うので独身でいようと決意したものの、結局親戚の圧力に負け28歳でお見合いし父と結婚。その当時の28歳といえば晩婚だったでしょう。結婚理由は物静かな人で何も文句を言わなそうだったから。

母は私が生まれた後もダンスだ、シャンソンだ、文学研究だ、観劇だ、とちょくちょく家を空け、時には私を連れて行ってくれました。彼女の仲間はどこか、とっぽくて私は大好きでした。生活には常に音楽が溢れていました。母は亡くなるまで青春真っ盛りだったように思います。母は私のショーを見に来て一言。

「いつも笑顔ではなく、ここぞというときに笑顔を出すのよ」

また「踊りなら負けないわよ」とマンボのリズムに合わせてよく居間で踊っていました。

父は母よりひと回り歳上であったのと、戦争体験、先妻との死別もあり「家族がそこにいるだけで幸せだ」と夜の街に出ることもなく、家で一人晩酌をする寡黙な人でした。写真好きで生後1週間目から私の写真を撮り始め、週末はよく父の写真のモデルを務めました。あまりにも撮影に夢中になり、箱根から帰る登山電車の終電を逃してしまったこともありました。真っ暗な駅のホームで二人、ポツンと立っていた思い出があります。

普段は無遅刻で真面目な父でしたが、突然写真を撮りに旅に出てしまうことがありました。そのたびに母は会社に「親戚の不幸のためお休みします」と電話をしていました。しまいには「今日は誰が亡くなったの？」と笑いながら言われていました。それでもなぜか父は同僚の誰からも許されるミスター不思議ちゃんでありました。そして母とは少し異なるけれどやはり自由人でした。

父は戦争で南方の島へ行き、「扁平足だったので速く走れなかったためいつも留守番の役目だった」と言います。父に戦争体験を聞いてもあまり答えてくれませんでしたが、「何が一番恐ろしかったの？」と聞くとこう言いました。

「留守番していると、現地人が泥棒しに来るんだよ。それが本当に一番怖かったよ！　留守番役はお父さんしかいないんだから」

お父さん、それが一番怖かったの？　この体験談を聞いて吹き出してしまいました。とはいうものの、父も想像を絶する大きな傷を心に負ったのだと思います。親戚の話によると、戦争から帰ってくると炬燵に頭を突っ込んだまま出て来れずに震えていたそうです。外へ一歩も出れなかった父を癒したのはカメラでした。

二人のスウィートホームには、社交ダンスを教えていた母の希望で、大きな鏡付きの広いリビングがあり、庭の一角には父の趣味の暗室がありました。今思えば好きなことをして生きてきた二人でした。

彼らの好きなことへの情熱が徹底していたおかげで、私は両親のいない一人の時間を存分に楽しみました。それは時に孤独だったりしたけれど、その引き換えに自由を与えられました。私が高校生の頃は母にはボーイフレンドがいて、「デートしてくる」と言ってよく出かけていました。父も私も「そお？　楽しんで」って見送っていました。

しかしどことなく寂しそうな父でした。それは母がいないことではなく、人生そのものが虚しかったのではないかと思います。友人もなく外へも飲みに行かない。父はカメラを覗いている時間が一番幸せそうでした。そんな風変わりな家庭に育ったので、私は世間の常識を踊り子になってから知りました。その常識は果たして合っているかどうかはわかりませんが。今はもう両親も実家も日本にはありません。私はどこに流れて行くのかな！

妊娠も結婚もイベントに！

エキゾチック・ワールドで親しいバーレスク・ダンサーたちに囲まれてフランクな結婚式をしたい。「どうせならラスベガスのステージ上で結婚式をしちゃおう」とイベントのプロデューサーのポーラと話し合い決定しました。式を正式に挙げるのには公証人か市長の列席が必要。

「ラスベガス市長か資格を持つ私たちか、どっちがいい？」

「もちろん、あなたたちよ」とポーラとエルヴェスに頼みました。〝メキシカン・エルビス〟の異名を持つエルヴェスは粋でいなせなゲイのシンガーで、この年のMCでもありました。

やると宣言はしたものの、お腹が大きくてショーを観せられるのだろうか？　果たしてセクシーなのであろうか？　体調は大丈夫だろうか？　体が思うように動かないジレンマや衣装製作に集中できないもどかしさのせいか、そんな心配の波が押し寄せてきて頭が沸騰してどうにかなりそうなとき、エキゾチック・ワールドからディクシーとアリゾナのバーレスクの大御所、サタンズ・エンジェル（※２４９頁）から電話があり勇気づけられました。私は彼女たちに「ブライドメイドをやってほしい」と申し出たのでした。彼女たちは私に子供ができたことと、ブライドメイドになることを、大変喜んでくれました。

「ヘイ、ダーリン、チカ。何も心配することはないよ。あなたは小さいけれど、ドデカいバーレスク・ダンサーだってことをみんな知っている。何をやろうが問題ないよ。あたしなんか妊娠してなくたって、今や大きなお腹なんだから。がっはっはー!!」
「すごく嬉しいわ。チカ。あなたがエキゾチック・ワールドで式を挙げてくれるなんて。本当にありがとう」

何かが起こると、いつもバーレスクに関わる〝何か〟から助けられます。ダンサー仲間だったり、バンドさんだったり、応援してくれる方々だったり、スポットライトだったり。こちらこそ、本当にありがとう。激動の時代のエキゾチック・ワールドと私に何か幸せが起きることを望んで。良くも悪くも時代はお構いなしに変わってゆくのです。

結局いつものように衣装製作は夜中、あるときは朝方ギリギリまでかかり、使用する音楽もベガスへ行く前日にやっと決まりました。いつものことだけれど。ポイントだけ決めて、あとはぶっつけ本番。その方がうまくいくのです。

エキゾチック・ワールドの金曜日の夜は、大御所のレジェンドたちと、歴代のクイーンたちのショーです。私もこの金曜日にレギュラーで出演して、かれこれ4年目になりました。この2006年から会場はラスベガスのダウンタウンにあるホテルとなり、歴代のダンサーのトリビュートショーもスタートしました。「ルチャバブーン」の共演者で2002年に冠をさらったキティン・デヴィルはディクシー・エヴァンスのトリビュート

ショーでした。ブロンドのピンカールはまさしく蘇る50年代のアイコン。そしてディクシーへの尊敬の意を込めて。彼女には若い頃産んだ娘が三人いて、さらに孫もいるロックな姐さん。家族を作り成功しているバーレスク・ダンサーでもあります。

私も彼女のようになれる、とこのとき思いました。

楽屋でガールズたちからお腹にキスの嵐の祝福をいただきながら、大きなお腹用の衣装を身につけて出番待ち。まさか妊娠してまでラスベガスでステージに立つなんて、大分でデビューしたあの頃の私には想像もできなかったでしょう。茅ヶ崎の病院の産婦人科で医者に啖呵切ったことを思い出しました。

「何歳だと思っているの？　裸になる？　その年で？　妊娠をナメたらダメですよ」

男性の医師は30代半ばくらいでした。あなたは男で、私の人生や体のことを何も知らない。

「できるかできないかは、私とこの子で決めます」

「ミス・エキゾチック・ワールド２００３！　ワサビよりホットなトーキョー・トルネード、エロチカ・バンブーは今夜ベガス初！　７ヶ月のリトル・バンブーと一緒にシミ〜シエイク！　インターナショナル・プレグナント・バーレスク・ビューティー、エロチカー、バンブー!!」

ピアノ・パフォーマーのキトゥン・オン・ザ・キーズのＭＣで私はステージへ飛び出し

ました。呼吸を止めて、愛と感謝の気持ちを込めて。ゆったりとステージで遠くから射すピンスポットの一筋の光の中で目を開けます。大きく見渡し微笑む目だけの踊り。そして次はサーフガラージロックの激しい曲「イントクシカ」。私はステージでお腹に向かって声を出して話しかけました。

「いい？　今から体を激しく揺らすから、しっかり掴まっているのよ！　一緒に踊るからね。準備はいい？」

そしてディクシーに視線を向け、キスを送りました。私は毎回これをお約束のようにやります。ディクシーからは見つめ返してアイコンタクト。ラストの曲はエディットピアフの「Non, Je Ne Regrette Rien（何も後悔しない）」。

実はアクシデントでGストリングスが途中で落ちてしまいましたが、そこは慣れたもの。羽根のボアでふんわりと隠しました。意外に身重でも動けるものね。ステージにはやはり魔物が棲んでいます。マジックがかかるとなんでもできてしまう。

ショーの後、涙で溢れたダンサー仲間たちから笑顔で抱きしめられ、賛辞をいただきました。「とても美しいショーだった」と感想を言われ、「でへへ、いやあそれほどでもないよ～。でもありがとう」といつものごとく、照れ臭いので、笑ってごまかしました。

ショーの後、楽屋に飛んできたアルタス。ひっくひっくと涙で会話にならない彼を優しく抱擁してあげました。

翌日の土曜日はバーレスク・コンペティションの日。多くのダンサーがその年のクイーンの座を目指します。その合間に私たちの結婚式をステージで行うことになりました。アメリカの結婚式ではフラワーガールという花を撒く女性たちがつきものですがここはバーレスク。グリッターガールズとしてバーレスク・ダンサーの仲間たちと日本から駆けつけてくれたドラァグクイーンのジャスミンにお願いしました。撒くのはもちろん花ではなく、バーレスク・ダンサーらしくグリッター。ラメの粉です。

花嫁に付き添う大切な役のブライドメイドに、ディクシー・エヴァンスとサタンズ・エンジェルの大御所お二人。そして公証人のポーラとエルヴェス。そして夫となるアルタスがステージで私を待っています。

ピンスポットの光を浴び、この会場中にいる何百人の人々から祝福を受けながら、グリッターガールズと歩きステージへ向かいます。私は感極まり涙がこぼれました。会場にいる人たちの泣き笑顔が見えました。泣きながら「おめでとう」と声をかけてくれるのです。「結婚式をイベントにしちゃえ〜」と思いつきで始めてしまったのですが、改めて「これは大変なことかも」と急に現実に引き戻された私もその場にいました。

「汝、なんちゃらかんちゃら、誓いますか？」という映画などでよく見る台詞に、照れ臭さを隠しながら誓い、最後にハグとキスをすると大歓声が起こりました。私はブーケとガーターベルトを客席へ投げました。「次の幸せはあなたの番よ」と。その日の日記にはこう書かれていました。

エロチカバンブーは、ステージで生まれ、生かされ、ステージを通して友人、パートナーを得、そのうえ新たな命までこのバーレスクを通して誕生する。きっとステージの上で一生を終えるんだわ。私の運命。きゃっほ〜!!

出産は爆発だ!

人生の一大事! 出産。まさか自分が子供を産むなんて考えてもいなかったけれど、この大きなお腹の中には命があって、私の体から心臓の音が二つ聞こえてくるの。

コストの問題もあるけれど、アメリカに来てから産婦人科へは行っていません。日本にいたときはまったく考えられませんでしたが、私は自宅での出産を選びました。アメリカは日本以上に無痛分娩だの帝王切開だの、何かといえば薬に頼りがちですが、その反面、特にLAではナチュラル志向、ヴィーガン、有機栽培など、薬や農薬に頼らない考え方も浸透していました。

私は日本での病院のシステムに疑問があって、ドクターと喧嘩したこともあります。妊婦向け雑誌、病院……どいつもこいつもやたらと「妊婦にはあれもダメ、これもダメ」と心配の種を増やすやり方に不満がありました。タブーとされていたけれど私は妊婦でもハイヒールを履いていたくらい。「こけなきゃいいでしょ！」って。原始時代であれ戦地であれ、ジャングルの中であれ、飛行機の中であれ、産まれ出ずるものは生まれるのだ。「ベイビーだって母親だって大丈夫！」という何か大きな確信がありました。だから妊娠7ヶ月でもショーをしたわけですが。

アメリカにはミッドワイフという職業があります。個人営業の助産婦さんです。この時代LAでは自宅出産もポピュラーになりつつありました。病院ではなく彼女の家に行って検診を受けるのですが、そこはなんと大邸宅！　プールに広いお庭、ポーチにはハンモック。アメリカの富裕層の桁違いな暮らしに驚きました。

診察台で横になると、窓からは心地よい風と水のせせらぎ、小鳥の声が聞こえてきて幸せな気分になりました。日本の検診は10分足らずですが、ここではゆったり1時間半かけてお話と検診。贅沢な時間でした。

手でお腹をぎゅーっと触って胎児の位置を確認。なんともプリミティブ。私はお腹のリトルバンブーに向かって「定位置にいてちょーだい、頼むよっ！」と話しかけます。ミッドワイフからは「体重が増え過ぎないよう白米を玄米に変える」とか「胎盤の匂いがキツくなるからお肉は控えましょう」など指示が出て、それを記録として毎日ノートに綴りました。やがてお腹がどんどん膨らんでゆき、とうとう爪先が見えなくなりました。

〝ベビーバースクラス〟といういわゆる日本では病院や自治体がやっている母親教室のようなことを、ここでは個人指導で受けます。骨盤の模型、ベビーの動きと母体の変化。陣痛の波が何段階でやってくるか、そのときのリラックス法、そのときパートナーは何をするかなどなど。

どのような仕組みでベビーが出てくるかというと、なんと驚いたことにバーレスクの古典的な動きが役立つという！「ファイヤ～!!」である。

そこで思い出しました！以前フロアーショーからストリップ劇場の踊り子さんになったお姉さんのショーを見に行ったときのこと。ヴァジャイナにお銚子を入れ、腰を使って出したり引いたりしながらお客のお猪子にお酌していました。まさしくあの動き!! バレエなどの腹筋の緊張したダンスではなく、ベリーダンスのように力を抜いて大きくグラインドをすることが、胎児のポジションを正常にするらしい。まさかバーレスクのグラインド技がここで役に立つなんて思ってもいませんでした。

「陣痛がきても、最初の波は無視してご飯をしっかり食べ、寝ること」

私はそれまでに経験したことのない痛みに興味が湧きましたが、たいていの妊娠初心者は慌てるらしいです。さてそれまで怖くてタトゥーもピアスも入れてこなかった痛みに弱い私は、果たしてどうなることやら！

それは早朝ぴったり4時。何か生温かいものを感じトイレへ。すると下着が、まあ、なんと奇麗なピンク色に染まっているのでしょう！　これがよく言う〝おしるし〟という生まれる日に現れるサイン？　それにしても量が多いかも……。私は隣で寝ていたアルタスを起こしました。

「もしかしたらリトルバンブーとすぐに逢えることになるかも」

二人で下着を確認。

「これ破水じゃない？」

日本では「破水したら量にかかわらずすぐ病院へ」と言われていました。ミッドワイフからもらったパンフをもう一度確認。

「あ、連絡するよう書いてある」

朝4時でちょっと気が引けるけど、メッセージでも残しておこう。私はわりと落ち着いていました。するとすぐに電話がかかってきました。

「痛みは？　量は？　色は？　匂いは？　味は？　舐めてみて」

舐めるの？　言われた通り舐めると少ししょっぱい。でも海よりは辛くない。匂いはフルーティーな甘い感じ。体験者の話通りでした。痛みはない。

「では明日の検診でお会いしましょう」

そう言われても私は頭が冴えちゃって、「お腹の子が出てきたら最初になんて言おうかな。よくやったっていうべきかしら」とか「考えていた名前はやはり変えた方が良いかも。あの漢字どう書くのだっけ」などと考えていると、いつの間にか朝6時。あっという間に2時間経ってる！　そろそろ日本のニュース番組が始まる時間。いびきをかいている夫の横で、ピンクの水がこぼれないよう体の向きを変える。それを見始めると30分で眠れるはず。ところが結局眠れず11時にミッドワイフ宅へ向かいました。ピンクの水の量は少なくなったものの、まだちょろちょろこぼれ出ていました。

「まだ子宮口は2センチくらい。ちょっとこの液体の検査をするからスクワットをして」

その場で下半身裸でスクワット。なんか相撲取りになったみたい。なんともマヌケなスクワットをしながら本番は近いと察しました。日本とは正反対のおおらかさ。「これは破水に入らないからこれから2時間歩くように」と言われました。

本番に備え、食品の買い出し。ベジタリアンのミッドワイフたちのために野菜を沢山買い込み、夫はベジカレーの仕込みを始めました。そして二人で家の前のエリシアンパークという広大な公園を歩く歩く歩く。すると1分ごとに張りがわかるようになってきました。ドアを小さくノックされているような、小さな「トントントン」。公園から戻ると、あれ、なんか痛いかも。そして噂の陣痛が4分おきにやってきました。以下、日記より。

早朝４時に破水したものの、痛みはなくそのままワクワクしながら朝を迎え、ミッドワイフの言われた通りウォーキング2時間。

16時～18時。歩きながら5分から8分間隔でお腹の張りを感じる。不規則だからまだまだか？

18時30分。家に戻り、庭で一休み。これはまだ陣痛というにはほど遠い感じ。お腹をさすって最後のお願い。スル～ッポンって出て来てね。

19時。５分間隔の波。１分間の痛みはまだまだ下腹部に鈍痛。ドヨ～ンって感じ。このへんで今夜あたりだと確信する。いよいよかと思うと未知の世界になんともいえぬ興味と同時に、怖さを感じる。

パートナーはミッドワイフのためにベジタリアンのカリーや野菜スープを料理しだす。一晩かかるだろうからたっぷり作る。

20時。時々不規則になりながらも徐々に重い痛み。まだまだ！ 耐えられる。母がアタシを産むとき、おばあちゃんが「話ができるようじゃ、まだまだだね」と言ったことを思い出す。食事。痛みを覚えながらもしっかり食べなくてはと、スパイスを抑えめのカリフラワーのカリーをいただく。徐々に徐々にそいつはやってくる。止まっているより動いている方が楽な感じ。痛みの間隔が5分から4分へ。ミッドワイフに電話する。さっそくこちらに向かうとのこと。

21時。ミッドワイフのシェリーとルネ到着。ベッドルームで準備を始める。アタシはもうそっちには気が向かず、ひたすら痛みを逃がすため、部屋中歩く。ルネにゆっくりグラインドするよう言われる。大きく腰を動かして。いつも慣れているはずのグラインドもこのときばかりはなんときついことか！　痛みは迫る迫る迫る。子宮口の開きをシェリーがチェック。まだ3センチくらいしか開いてないみたい。えー‼　ということはまだまだほど遠い……。

たぶん22時頃。もう時間を見る余裕がなくなってきた。動くよりベッドで楽になりたい。いつのまにかセットされたベッドルーム。キャンドルの灯りがゆらゆら揺れている。パートナーが選曲した気が休まる音楽も流れ出した。ベッドで枕を抱いて横向きになる。

これが陣痛というやつか。〝痛み〟が「どうだこれでもか〜」とどんどんどんどん押し迫ってくる。もう自然に呼吸ができないくらいその痛みはやってきた。さっきまで冗談を飛ばしてたのも遠い昔。ビデオを撮る準備をしたものの、アルタスにしがみつき、呼吸法のリードをとってもらわないと、七転八倒してしまうのだ。

いわゆる日本の呼吸法とは違い、大きく吸って大きく吐くの繰り返し。一旦痛みを意識すると、とことんその痛みの世界に引きずり込まれる。どこが痛いのかっていうと下腹部だけ。ところがその痛みがまるで全身の痛みに感じる。

「痛みは特急列車のようなもので、やってきては通り過ぎて行くもの。大きく吸って。スーーーーハーーーーーー」とアルタスが耳元で暗示のごとく語りかける。痛みの中にいるわけなんだけど。それでもこの暗示で幾分か痛みが薄れていく。もう感覚がわからない。何分痛くて何分痛くないのか。そして急に吐き気。すべて胃の中のものを吐き戻す。

「少し楽になったでしょ？　さ、ウォーキングに行きましょう」とシェリー。

「え………は、はい」

私は他人様の前だとかっこつけてしまう。本当は行きたくないけど、私のために頑張ってくれてるみんなの言うことなら聞かなくっちゃ。そして、坂道下って上がって、1時間ひたすら歩く。痛みがやってくると、どうしても足が突っ張って爪先立ちに。すかさずルネの指示がくる。

「かかとをおろして、大きく腰を左右に振って左右に大股で。バーレスク！　バーレスク！」

まるでスポ根ドラマのよう。私はドジでのろまな亀です。

ウォーキングから戻ると再びベッドへ。そして痛みの波、波、波……。さらに痛みは増している。遠くから10階建のビルくらいのまるでゴヤの絵のような大きな巨人がやって来て、私の脳天からバリバリって体をまっ二つに引き裂いて、そしてまたそれをくっつけて去って行く。そんな感覚の繰り返し。その巨人が去った一瞬、そのたった2～3分、私は曝睡。そして再び巨人がやって来る。

何時間経ったのか……。カルシウムを補給、そしてまた嘔吐。もう吐き出すものはベイビーだけだ。シェリーが子宮口の大きさを測ると6～7センチに。もう少し。神様に祈るってことも痛さが勝って忘れていた。全身、そして周りの空気もすべてが〝痛〟の世界……。そして痛さのクライマックス。いきむという行為をここで初めて体験する。

「プッシュ、プッシュ、プッシュ」

その合図と陣痛の一番痛点の高いタイミングを利用していきむ。

早く出てきて！　陣痛が去るといきめなくなる。波がくる。

「プッシュ、プッシュ！」

ここからは呼吸法を変えるように指示。いつの間にか日本語で「はい」と返事していた。いきむたびにもう声が自然と出てしまう。足の間が燃えている。熱い熱い熱い。歯を食いしばって目をギュ～ッてつぶって押し出す。頭が見えてきた。もう少し！

「おお、ダーリン、僕たちのベイビーだ……」とアルタスが感極まる。

「さあ、頭を触って。ここからはアナタがベイビーにコンタクトを取る番。さあ、語って！」

シェリーはそう言いながら、私の手を足の間から出てるベイビーの頭の先へ。濡れてて柔らかい……。

「もうお願いだから早く出ておいで。カモ～ン。早く逢いたいから飛び出しておいで！」

頭が飛び出る。アルタスはもう涙で顔がくしゃくしゃになっているのがわかる。だけど私は泣いている場合じゃない！

「早く出てこい！　お願いだから」

最後は声にならない声での雄叫び。

「女の子よ、ハニーよくやったわ」

シェリーがベイビーの体を拭ってすぐに私のお腹の上に。

「なんてかわいらしい」

「おお、ベイビー。美しい子」

「やった、やった、ダーリン、本当に良くやった」

そんな周りの声にもかかわらず、私は正直まだ感動を覚えず、ひたすら燃えるように熱い下半身と陣痛の余韻でふらふら。ヘソの緒をアルタスがカットし、やっとベイビーが私の胸元へやってきた。

柔らかくて温かくて好い匂い。赤ちゃんてこんなに甘くてなんとも言えぬ好い匂いがするの？　大きな瞳の女の子。この子が9ヶ月もお腹にいたの？　5ヶ月目の父の葬儀では勇気を与えてくれ、7ヶ月目には一緒に踊った。

「さ、もう一度いきんで！」

へとへとになりながらも最後の陣痛で、胎盤を吐き出す。

終わった……。シャワーを浴びるよう言われ、いざ体を起こそうとすると、あれ？　起き上がれない。そして歩けない。シャワー後は食事。なかなか食が進まず。シェリーたちはしっかりご飯を食べ、なんと10人前は作ったであろう野菜スープとベジカリーは、ほとんどなくなった。

「自宅出産でこんなに美味しい食事は初めてだわ！　残りは持って帰ってもいいかしら？」

もちろんですとも。ありがとう偉大なる私のミッドワイフたち。

静かな朝。窓の外にはブーゲンビリアが咲き乱れている。体はまだ熱い。新しい命と一緒にベッドで三人で横たわって眠った。ピース！

ミッドワイフ、パートナー、ベイビー、そして私の共同作業は素晴しい体験でした。

アメリカ西部時間9月22日朝8時に私の体からベイビー・ガールが飛び出ました。6ポンド10オンスで3000グラムちょっと。小さくないのに〝小さいベイビー〟と呼ばれています。ファーストネームはSolar。意味は太陽、お日様の光、空。ミドルネームはNasrin。ペルシャ語でワイルドローズ。

出産は爆発だ〜！

あとがきに代えて

私は今羽田発の最終ジェット便、フランクフルト行きの飛行機でこの文章を書いています。若い頃ここまで旅をするとは考えてもいませんでしたが、同時にこの業界から去ることもまったくシリアスに考えていませんでした。心配して声をかけてくれる周りの人からのアドバイスも「またまた冗談言っちゃって〜」と流してきました。自分にとってどの言葉も響かなかったしリアリティがなかったのです。世間のリアリティというのはジョークにしか思えなかった。だいたいご意見を下さる人たちでさえ、「まあ、あなたなら大丈夫ね」と顔に書いてあったものですから。

次の旅のチケットはいつの間にか渡され、いつのまにかショーの旅へ出ているのです。デビューから35年経った今も私はまだ旅の途中のようです。

今回は出産という駅までたどり着いた私の旅の物語を書きました。家族のいないアメリカで出産し、出産直後から人生が変わり、体型の変化もしっかり感じながら、はたしてショーがまたできるのでしょうか？

出産3ヶ月後、体型はまだ戻らず乳飲み子を抱えながら、いてもたってもいられず、よっしゃーと出産後の初仕事に飛び付きました。母乳だったのでペイスティの下にワタを入れるという技は、トゥラ・サターナ姐さんから教わりました。

「ショーに生きているのだから決してギブアップするな」と子供を産んだ経験のあるバーレスク・レジェンドたちからエールを受け、私はノーテンキにショー活動の再スタートを切りました。しかしここからは私一人ではありません。私の旅に同行する新たな登場人物たち。一筋縄ではいきません。

アメリカから日本へ行き、子育てしながら日本初のネオバーレスク・イベントを作り、そしてベルリンへ向かう旅が続くのです。そこではアメリカで体験したような、明るいお日様サンサンでハッピーな物語とは打って変わって、嵐、大嵐！　その大嵐に見舞われた海原へ一人乗り出し、溺れそうになりながら一本の丸太に掴まり、どうにか難破船を見つけて、よじ登りエンジンをかけると、今度は敵に囲まれ航路を塞がれながら、必死で舵を切り直し再出港するという運命の旅が待っていました。大波にさらわれながらも、そのたびにワオ～、私ってすごいと絶望しながら鼻歌を歌ってみる。だって人生はコメディ。ショーはお祭り。

笑って許してまた進む。

旅は出会った人たち次第で進む方向が変わることがあります。向かった先でまた出会いそしてまた進む。私は地球上の多くの人たちと出会いました。ヤクザ屋さんから皇室関係、キャバレーで働く方々、北朝鮮の平壌で会った若いお嬢さんたち。ベガスのフッカー、ベルリンの芸術家たち、アメリカで出会ったレジェンドのダンサーたち。サンフランシスコのドラァグクイーンたち、クリスマスをサナトリウムで過ごす人たち、日雇い労働者からハリウッドのセレブまで、そのすべての出会いはとても大切な宝です。

この本を書くにあたって、出会った東京キララ社さんとのご縁を結んでいただいたのは、元チカーノ・ギャングスタのミスターKEIさんでした。2020年、コロナでロックダウンになったドイツ。ショービズはすべてキャンセルになりいきなり失業。今まで妊娠中の5ヶ月間しか休んだことなく突っ走ってきた私から初めてショーがなくなったのです。そんなときSNSで「本でも書いてみたいなあ、どうしたら良い？」と漠然と投稿してみたところ、KEIさんから翌日にメッセージが届きました。そして東京キララ社を紹介してくださり、翌日にはご連絡をいただき執筆をすることとなりました。

KEIさんとの出会いも偶然でした。

LAから日本に帰国したばかりのある日、スッピンでママチャリに娘を乗せスーパーでお買い物をすませた帰り道、たまたま気になるお店を見つけました。まるでLAの私が住んでたエリアのエコーパークみたい！　お買い物袋から、おネギと大根覗かせて、「ハロー！」と入って行きました。あら、びっくり。そこはチカーノ・ギャングスタのお店。なぜここに？　その意外性に楽しくなっちゃってキャッキャと喜ぶ私。怖くて優しい瞳のお兄さんが2歳の娘にジュースを出してくれました。そしてお店の奥にいらしたのがオーナ

ーのKEIさんでした。手渡されたのはブルーが美しい一冊の本でした。それが東京キララ社から出されたKEIさんの自伝だったのです。私にとっては、まるで映画のような世界を生きてこられたKEIさん。世の中にはすごい人たちがいるものだ！　と同時に「男の世界って大変」と妙な感心をしたのを覚えています。

KEIさんのお店にふらりと立ち寄らなかったら、この本もでき上がっていませんでした。KEIさんを始め、東京キララ社の編集長中村さん、スタッフの皆さん、その一瞬一瞬を切り取ってくれたカメラマンの皆さん、特にアメリカから私を撮り続けてくれているグレート・ザ・歌舞伎町さん、育ててくれたキャバレー、名も無き踊り子の姐さんたち。今この本を手に取ってくれたあなた。ありがとう。１秒後は１秒後の風が吹く。感謝の意を込めて贈ります。

この本を私の娘、太陽の子、ソーラーに残します。未だ見ぬ世界へゆくとき、恐れることなど何もないわ。この数年は感染症が猛威をふるっているけれど、私はやはりいつもと変わらず笑いながら旅をしています。するといつの間にか切符が渡され、ヒラリと飛べるの。どこへでも。これから続く旅で、あとどれくらいの見知らぬ街や人々に出会うのでしょう。楽しみでなりません。

ではいつか。どこかで。次のショーでお会いしましょう。

バーレスクレジェンド名鑑

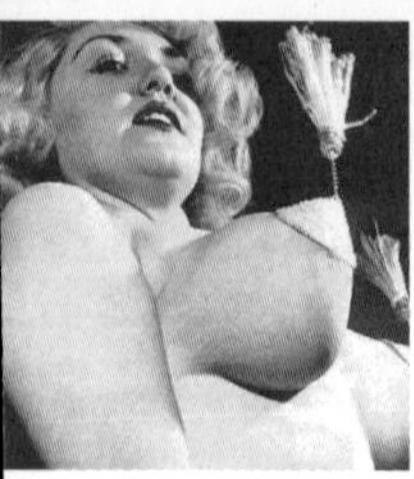

ジェニー・リー

NNIE LEE (1928/10/23~1990/3/24)

元シンガーの夫、チャーリー・アロとモハベ砂漠の土地を購入し、自嫌ミュージアム、エキゾチック・ワルド・ミュージアムを設立。アメリ初のバーレスクダンサーやストリッーのための組合や、ストリッパーで成された野球リーグも作る。112 セチのバストを武器に〈Bazoom Girlっぱい爆弾)〉の異名で 1950 年に人気を博す。ジャン＆アーニーのト曲「ジェニー・リー」とは彼女こと。アレン・ギンズバーグもファラブのメンバーだったとか。

春川ますみ

MASUMI HARUKAWA (1935/11/10~)

自ら踊り子に志願し、昭和 30 年代初頭からメリー・ローズとして浅草ロック座で活躍。太めの可愛い体形であったため、〈ダルマちゃん〉という愛称で親しまれる。その後、日劇ミュージックホールに舞台を移す。演技の要素も組み合わさる日劇ミュージックホールでの演技力を買われ、映画界からスカウト。本格的に女優への転身を図り、1959 年公開の映画『グラマ島の誘惑』で役者デビュー。以後、様々な映画、テレビドラマで大活躍する。

サリー・ランド

LLY RAND (1904/4/3~1979/8/31)

933 年のシカゴ万博で、全裸でにまたがりセンセーショナルにした彼女。これは貧困に苦しむが多い大恐慌下でも贅沢三昧のを送る上流階級に抗議するためので、ゴダイヴァ夫人を演じたォーマンス。世の常識に反旗をストリップティーザー、そしてリズムの元祖。ドビュッシーのの光」をバックに美しいダチョ羽根の扇で踊るファンダンスで見えそうで見えない踊りを優雅露。

ジプシー・ローズ・リー

GYPSY ROSE LEE (1911/1/9~1970/4/26)

幼い頃より妹と共にボードビルショーに出演し家計を支える。そのときは妹の引き立て役だった。その後、ボードビリアンからバーレスクダンサーに転身すると徐々に頭角を現す。知的でユーモアはあるが踊りは得意でなかったため、彼女は話芸を編み出した。ショーでは話術と焦らしのテクニックで客席を魅了し、爆発的な人気を得る。男性客の下ネタにもさらりと品よく機知の富んだ会話でかわす彼女は、その力を文章に注ぎ、作家としてもデビューを果たす。

ディクシー・エヴァンス

DIXIE EVANS (1926/8/28~2013/8/3)

バーレスク界のマリリン・モンローとして一世を風靡。エキゾチック・ワールド・ミュージアムの館長のジェニー・リーとは親友で、ジェニーが乳がんを患ったため後を継ぐ。1990 年 6 月、踊り子魂が失われたストリップ業界に「本物のストリップを見せてやろうじゃないの!」と 64 歳にして立ち上がる。ストリッパーズ・コンテストとして今も続く「ミス・エキゾチック・ワールド・ペジェント」の提案者。エロチカ・バンブーの肩書〈トーキョー・トルネード〉も彼女の命名。

トゥラ・サターナ
TURA SATANA (1938/7/10~2011/2/4)

日系アメリカ人。ラス・メイヤー監督『ファスター・プッシーキャット! キル!キル!』の主役・バーラ役で世に名を馳せる。バーレスクダンサーになったのは13歳の頃。巨乳のタッセル回しとエキゾチックな風貌で殿方を悩殺。エルビス・プレスリーとも恋仲。サタンズ・エンジェルは、彼女のタッセル回しには勝てないと思ってファイヤータッセルに変更したという。著者に「私なんて何ガロンも母乳が出たから、病院中の赤ん坊に分けてあげたのさ!」と豪語する。

リリ・セント・シア
LILI ST.CYR (1918/6/3~1999/1/29)

テンペストやディクシーと同じくバーレスク黄金期の1950年代に活躍したスター。他のダンサーとは違っていかにもアメリカンといった体型ではなく、彼女はバストが小ぶりで品があってセクシー。マリリン・モンローも彼女のショーを実際に見て優雅でセクシーな所作を学んだという。見えそうで見えないバブルバスに入るショーや、貴婦人が帰宅し着替えてベッドに入り愛しのダーリンに電話するという物語性のあるショーで一世を風靡した。

テンペスト・ストーム
TEMPEST STORM (1928/2/29~2021/4/

1950年代から活躍したバー
ク界の大スター。ジョン・F・
ディ、エルビス・プレスリー、サミ
デイヴィス・ジュニア、ラス・
ヤーなどを虜にし浮名を流す。
イバルブームで復活し、そのゴー
ャスな赤毛とガーターベルトで
かに80代後半までステージに立
「ダンサーはお酒とドラッグに
たらおしまいよ」とよく言ってい
4回の結婚と離婚という名前通
嵐のような人生を送った彼女
2021年4月、93歳でこの世を去

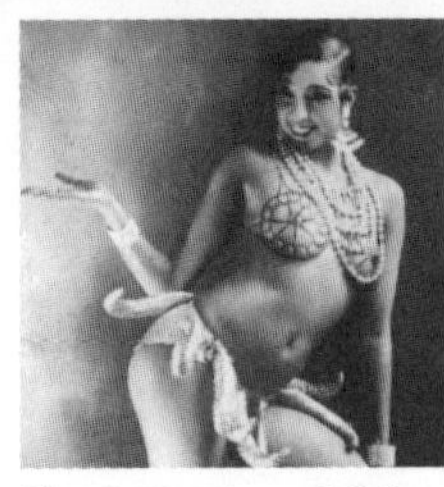

ジョセフィン・ベイカー
JOSEPHINE BAKER (1906/6/3~1975/4/12)

黒いヴィーナスとしてアメリカからパリに渡り人気を得たジョセフィン・ベイカーは、人種差別と戦いながら黒人ならではの美しい肢体と身体能力を活かしたショーを披露。バナナのスカートでチャールストンを踊るなど、ステージに元気を振り撒く。人種差別されるだけでなく、露出の多いエロティックな衣装と踊りのために多くの劇場から出演を禁止されたりもしたが、そんな逆境にも動じず踊り続けたセンセーショナルな踊り子。

ビッグ・ファニー・アニー
BIG FANNIE ANNIE (1952/5/3~2020/7/19)

450ポンド（200キロ）の巨体を武器にユーモアとおおらかさで人気を得たバーレスクダンサー。ベルベットのベッドカバーでドレスを作ったり、シャワーカーテンで体を包んだりする革新的で斬新な彼女は、テレビドラマ「マイアミバイス」や映画『ポーキーズ』などにも出演。全盛期の80年代には評論家から「やりすぎ!」と評されるも、「痩せてる私なんて想像できないわ!　この巨体はお金になるとわかっているのに、どうして痩せなきゃならないの?」と笑い飛ばした。

サタンズ・エンジェル
SATAN'S ANGEL (1944/9/18~2019/

60年代から活躍したペイステ
炎を燃やしグルグルと廻す技で
なバーレスクダンサー。若い頃
体中の関節と胸、お尻にファイヤ
ッセルをつけて回したという。リ
バルと共に復帰し、70代半ばま
界中を炎と共に駆け巡る。サンタ
曲に乗った激しい炎の舞で客席
動の渦を巻き起こす。姉御肌で
が良く、いつも若いダンサーたち
ョーを舐めちゃいけないよ」と論
女の素顔は、少女のようで涙もろ
があった。2019年の4月に逝去

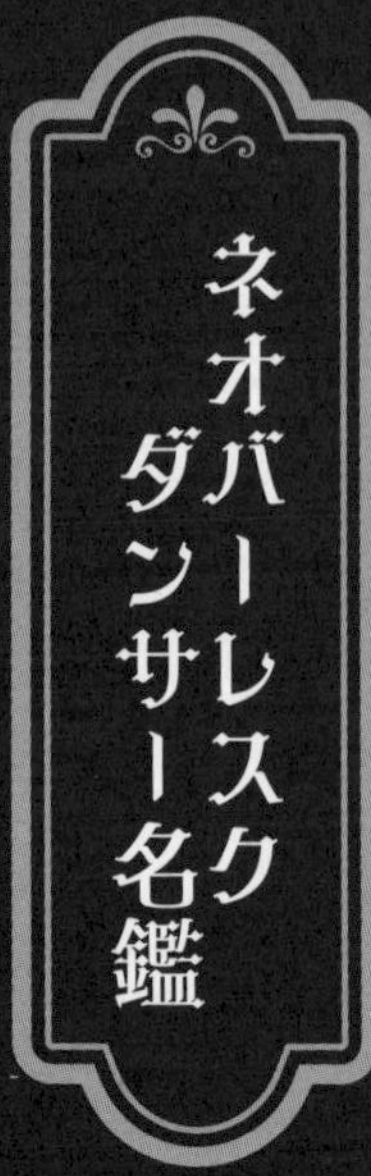

ネオバーレスクダンサー名鑑

ディタ・ヴォン・ティース
DITA VON TEESE (1972/9/28~)

ネオバーレスク界の立役者。フェティッシュ系のモデルだったディタは19歳のときにストリップクラブで働き始めるが、あまりにもストリッパーのオリジナリティーのなさに愕然。古き良き時代のハリウッド女優が好きな彼女は、ビンテージ風のオリジナルスタイルを確立。黒髪に赤い口紅、コルセットにつけボクロがトレードマーク。マリリン・マンソンと結婚し大きな話題となる。バーレスクショーのオーガナイズだけでなく、実業家としても幅広くパワフルに活躍中。

ダーティ・マティーニ
DIRTY MARTINI (1969/11/21~)

004年のミス・エキゾチック・ワ
ルドの栄冠に輝いた、超プラスサ
ズで超ポジティブなバーレスクダン
ー。大きく魅力的なお尻とチャー
グな笑顔。ユーモアのあるショ
爪先まで神経の行き届いたダン
エレガントで時に激しい踊りは
ージャスの一言。ディタ・ヴォン・
ースのショーのメインダンサーと
も活躍中。カンヌ国際映画祭で
賞の栄誉に輝いたマチュー・ア
リックの映画『オン・ツアー』
本人役で出演。

キティン・デヴィル
KITTEN DE VILLE (生年月日非公表)

2002年のミス・エキゾチック・ワールドに輝いた彼女。パンクバンド、クランプスと共演したりゴルチェのファッションショーに出演したりと大活躍。モンロー風のブロンドのカーリーヘアがトレードマーク。得意技はバンプ&グラインドで時に激しくダイナミックに踊るロックなバーレスクダンサー。3人の娘と2人の孫がいるが、先日も新しいロックミュージシャンのボーイフレンドとロンドンツアーを成功させたばかり。彼女もまた生涯現役のダンサー。

ミン・ダイナティーズ
MING DYNATEASE (生年月日非公表)

白人の彼女はシノワズリー(中国趣味)が高じて名前も〈明王朝〉を由来としている。ショーのテーマは一貫してチャイナ。彼女の家も赤い中国提灯がぶら下がるチャイナ風。アーティストや元美大生からバーレスクダンサーになった人は多いが、彼女も画家の出身。ベルベット・ハンマーや「ルチャバブーン」のレギュラーダンサー。

ールド・フェイマス*ボブ*
LD FAMOUS "BOB" (生年月日非公表)

チュラルで大きな胸をゆさゆさ
らすニューヨークのバーレスク
サー。日本語に訳すと〈世界で
なボブ〉。ブロンドの大きなヘ
タイルで左右非対称の細眉、可
と異形さのバランスがいいデフ
メされたバーレスク。ペットの
ドルの名前は〈ムービースタ
ピンクが好きで部屋中ピンク
め尽くされている。

ポンタニ・シスターズ
PONTANI SISTERS (生年月日非公表)

3姉妹のゴーゴーダンサー。長女のアンジーはバーレスクダンサーとしても活躍中。ガレージロックバンドと共に60's ゴーゴーを踊る3姉妹。バーレスクのイベントには、ゴーゴーダンサーもよく出演してた。60's ゴーゴーはエロチックなダンスではなく、アクティブで明るい可愛らしさが人気。最近のセクシャルでエロチックなゴーゴーではなく、バカ明るいゴーゴー。

ジュリー・アトラス・ミューズ
JULIE ATLAS MUZ (1973/5/30~)

ロープをぐるぐると体に巻き、それをほどきながら踊るジュリーはコンテンポラリーダンサーでもある。アート性の高いショーで好評を博す。マチュー・アマルリック監督の映画『オン・ツアー』には本人役で出演。斬新なショーは一度見たら忘れられない。

ミッシェル・カー
MICHELLE CARR (生年月日非公表

LA で一斉を風靡したバーレ
グループ、ベルベット・ハンマ
ボス。全身タトゥーと普段の髪
含め誰も真似できない個性の
さ。どちらかというと怖くて
女性のヴァンプ系バーレスクダ
ー。真っ黒の毛羽立った 10 本
のあるタランチュラの衣装で踊
彼女はまさしく妖婦。2005 年
だまったく流行っていなかった
リンにバーレスクを持ち込んだ
者。

パール・ノワール
PERLE NOIRE (生年月日非公表)

ブラック・バーレスク・クィーン。ジョセフィン・ベイカーからインスピレーションを得て現代のベイカーを体現する彼女。華やかで躍動的、そして母のような強さと優しさが見えるショー。ステージでは不思議と人間性も見えるのだ。ディタ・ヴォン・ティースのショーにもレギュラー出演のほか、ミュージカルにも出演。実は彼女はコーチングや自己啓発のメンターという面も持っている。

ロッキー・ルーレット
ROCKY ROULETTE (生年月日非公表)

男性のパフォーマー〈ボーイレスクダンサー〉。ポゴスティックでジャンプしながら登場し、ジャンプしたままスーツを脱いでいくパフォーマンスは圧巻。ジャンプの高さは3メートルに達することもあり、会場を大いに盛り上げる。アメリカのテレビアニメ黄金期を支えたハンナ・バーベラ・プロダクションのキャラクターに似ている。

バンビ・ザ・マーメイ
BAMBI THE MERMAID (生年月日非

人魚のコスチュームで NY の
ーアイランドの〈サイドショー
言われる見世物小屋の常連のパ
ーマー。人魚が大好きな彼女は
生き物や動物のコスチュームで
ーをしていた。ある時はロブス
あるときはニワトリ！ あると
ユニコーン。コニーアイランド
年開かれるマーメイドパレード
バーレスクダンサーたちと海鮮
ラクターでお祭りパレードを繰
げる個性派。

What is Burlesque?
バーレスクとは？

荒俣宏さんからのメッセージ

ニッポン・バーレスク努々侮るなかれ

日本じゃ、もしかしたら絶滅寸前かもしれないねえ。
でも、すごい伝統があるんだニッポン・バーレスクは。
最初のフロワーダンサーはアメノウズメだった。
裸で踊って、穴倉に隠れた神様の心を和ませた。

やっぱり出雲の阿国もすごいダンサーだったなあ。
こっちは男装して派手な念仏踊りだもの。
なにしろ死んだ色男のボーイフレンドを
冥途から呼び返して現世で成仏させたんだからね。

川上貞奴もパリ万博で体を張った。
死の演技は全身を痙攣させるでしょ。
あれが途轍もなくセクシーだったそうなんだ。

でね、21世紀はエロチカ・バンブーさんですよ。
すっかり冷めた世界をあっためてくださいね。
なつかしい日本の混浴露天風呂みたいに。

荒俣宏

野口千佳(のぐち ちか)

エロチカ・バンブー。バーレスクダンサー。美大在学中に日本各地のグランドキャバレーやナイトクラブでフロアーダンサーとして活動。2000年頃より海外へ。2003年にバーレスクのコンテストで全米ナンバー1となる。以後、全米ツアーを敢行し、現在のネオバーレスク・ムーブメントを作る。2008年に帰国、日本初のバーレスクイベント「TOKYO TEASE」をプロデュースし、日本にバーレスクの波を持ち込んだ立役者となる。2011年より活動の拠点をベルリンに移し、ヨーロッパ各国でもショー活動を続ける。日本いちショーのチケットが取りづらいダンサーとして、日本バーレスク界を牽引している。ファイヤー!

エロチカ・バンブーの
チョットだけよ♥

発行日　2021年11月5日第1版第1刷発行

著者　野口千佳 ©2021

発行者　中村保夫
発行　東京キララ社
〒101-0051 東京都千代田区神田
神保町2-7 芳賀書店ビル 5階
電話　03-3233-2228
MAIL　info@tokyokirara.com
デザイン　オオタヤスシ(Hitricco Graphic Service)
編集　中村保夫　梅田嘉博　沼田夕妃
DTP　加藤有花
写真　グレート・ザ・歌舞伎町　鈴木和幸
ポーレ・サヴィアーノ　ドン・スピロ
アトリエ O.ハーパラ
楢木逸郎(P13&42 写真集『THE DANCERS』COUNTRY PRESSより)
印刷・製本　中央精版印刷株式会社

ISBN 978-4-903883-56-4 C0036
2021 printed in japan
乱丁本・落丁本はお取り替えいたします